图书在版编目（CIP）数据

企业内外资源冗余、动态能力与其绩效之间关系的研究/
肖增瑞著 . —北京：经济科学出版社，2020.11
ISBN 978 - 7 - 5218 - 2024 - 9

Ⅰ.①企… Ⅱ.①肖… Ⅲ.①企业管理 - 企业绩效 -
研究 Ⅳ.①F272.5

中国版本图书馆 CIP 数据核字（2020）第 209830 号

责任编辑：程辛宁
责任校对：王苗苗
责任印制：王世伟

企业内外资源冗余、动态能力与其绩效之间关系的研究
肖增瑞 著
经济科学出版社出版、发行 新华书店经销
社址：北京市海淀区阜成路甲 28 号 邮编：100142
总编部电话：010 - 88191217 发行部电话：010 - 88191522
网址：www. esp. com. cn
电子邮箱：esp@ esp. com. cn
天猫网店：经济科学出版社旗舰店
网址：http://jjkxcbs. tmall. com
固安华明印业有限公司印装
710 × 1000 16 开 14.25 印张 2 插页 250000 字
2020 年 11 月第 1 版 2020 年 11 月第 1 次印刷
ISBN 978 - 7 - 5218 - 2024 - 9 定价：78.00 元
（图书出现印装问题，本社负责调换。电话：010 - 88191510）
（版权所有 侵权必究 打击盗版 举报热线：010 - 88191661
QQ：2242791300 营销中心电话：010 - 88191537
电子邮箱：dbts@ esp. com. cn）

前　　言

　　随着科学技术快速进步、企业竞争全球化以及中国经济社会的深刻转型，尤其是近年来中美关系矛盾激发和新冠疫情等"黑天鹅"事件频发，企业所处的环境日益复杂多变。当环境变化时，企业当前资源配置的价值也随之改变，其现有的核心能力也可能不再适应环境的要求，甚至沦为限制企业转型发展的核心刚性，使得企业竞争优势不复存在。资源冗余可以为企业保持一定的战略灵活性，有利于企业调整其资源配置、重构其核心能力以应对环境的变化。目前，资源冗余和动态能力等相关理论都已取得了长足发展，但各自领域中仍存在一定的争议和不足，对二者之间关系的研究也还比较少，有待完善、填补和整合。

　　本研究沿着"资源冗余—动态能力—企业绩效"的逻辑展开，在充分的理论分析基础上完善了相关概念并提出了研究假设，采用问卷调查的方法获取了制造业和信息产业中 217 家企业的有效数据，对所得数据进行了信度、效度分析，并通过结构方程模型等方法对研究假设进行了检验，得到了一系列的研究结论。本研究的主要研究内容及结论具体如下：

　　首先，本研究丰富和完善了资源冗余和动态

能力的内涵和维度。现有研究对资源冗余的讨论大多局限于企业内部资源，本研究首创性地提出企业社会资本也可能存在冗余，并把外部网络冗余纳入资源冗余的范畴，结合资源再利用的灵活性，划分了低流动性冗余、高流动性冗余、替代网络冗余和互补网络冗余四种不同类型的资源冗余。基于不同的研究情境和研究目的，现有研究对动态能力的内涵和维度有着多种多样的界定和划分，在丰富了理论的同时也影响了理论的比较和积累。本研究尝试沟通动态能力的高阶能力观和流程能力观，识别了企业在资源管理流程、风险应对流程和技术创新流程中的重构能力和构建能力，相应地提出了资源调整能力、资源获取能力、风险承担能力、风险恢复能力、产品创新能力和流程创新能力六种不同的动态能力，系统地整合了动态能力的相关研究。

其次，本研究深入探讨了不同类型动态能力之间的关系。现有研究往往孤立地研究单一企业流程中的动态能力而忽略了不同类型动态能力之间的相互影响，本研究探索了资源动态能力、风险动态能力、技术动态能力之间的联系和作用，通过理论演绎和实证检验发现了资源动态能力对技术动态能力的支撑作用以及风险动态能力在其中的中介作用。

再次，本研究揭示了"资源冗余—动态能力—企业绩效"关系中的作用机理。本研究从资源冗余的角度探讨了风险动态能力和技术动态能力的资源基础，发现了不同类型资源冗余的不同影响；同时，发现了风险动态能力和技术动态能力对企业财务绩效和成长绩效的不同影响；此外，还发现了风险动态能力和技术动态能力在资源冗余和企业绩效之间关系的中介作用。

最后，与多数现有研究不同，本研究发现环境动态性在大多类型的动态能力与企业绩效之间的关系上的调节作用都不显著，显示了动态能力不仅能够在动态环境下帮助企业被动地应对环境变化保持良好绩效，还能在非动态环境下帮助企业主动地创造机会取得更好的绩效。

综上所述，本研究深入探讨了企业内外资源冗余、动态能力与其绩效之间的关系，丰富了相关领域的理论成果，为理论研究提供了实证支持，并为企业管理其资源和能力提供了一定的指导。

目　　录

第 1 章

绪　　论

本章将首先根据企业在当前快速变化的环境中所面临的机遇和挑战，结合相关学术研究的现状，提出本研究的主题内容；然后，从理论发展和管理实践的需要出发，阐述本研究的理论意义与实践意义；接着，对本研究的研究对象、研究方法、技术路线以及论文结构做简要的介绍；最后，概括本研究将会取得的主要创新点。

1.1　研究背景与研究主题

这是最好的时代，这是最坏的时代，这是变革的时代。随着科学技术的快速进步、竞争全球化的广泛渗透以及中国经济社会转型的全面深化，企业经营所处的环境状况日益复杂多变，在各个方面均呈现出了高度的动态性，给企业的生存和发展带来了严峻的挑战（Howell，Jena & Mcgrath，et al.，2016；Li & Liu，2014；Tamayo-Torres，Roehrich & Lewis，2017）。

在环境发生变化时，企业现有资源的价值也可能随之改变，甚至企业的核心能力都可能沦为核心刚性，使得企业现有的竞争优势不复存在（Leonard-Barton，1992；Teece，Pisano & Shuen，1997）。当企业资源和能力已经不再适应新的环境要求，若不及时做出调整则很可能面临淘汰；同时，环境变化也可能打破当前的产业格局，为企业提供弯道超车的机遇。如何及时有效地调整企业的资源进而重构其能力以应对动态变化的环境而保持持续的竞争优势，考验着管理者的战略智慧，也成为了学术研究的重要课题（Felin & Powell，2016；Teece，Peteraf & Leih，2016）。

为了回答企业如何获取并保持竞争优势的问题，以波特（Porter，1980，1985）为代表的战略定位学派提出宏观环境、产业环境及竞争态势决定了企业最优的战略定位和盈利能力；然而，却忽略了企业自身资源条件的特征，因而难以解释同一行业内不同企业的绩效差异。随后的资源学派（Wernerfelt，1984；Barney，1991）和能力学派（Hamel & Heene，1994；Prahalad & Hamel，1990）给予了企业内部资源特征足够的重视；然而，资源学派的研究视角是静态的，不能解释环境变化时企业竞争优势的变化，而能力学派也存在"核心刚性"的问题，部分能力在环境变化时甚至可能成为企业变革的障碍（Leonard-Barton，1992；Teece，Pisano & Shuen，1997）。基于这些理论基础及其缺陷，学者们提出了动态能力的概念（Eisenhardt & Martin，2000；Teece & Pisano，1994；Teece，Pisano & Shuen，1997），认为企业要紧跟环境的变化及时调整其资源配置，重构其运营能力以匹配新的环境要求，从而抓住机遇建立、保持和强化自己的竞争优势（Barreto，2010；Felin & Powell，2016；Wang & Ahmed，2007）。

动态能力理论在过去近三十年已经取得了长足发展，对其内涵、维度、测量、前因、作用和权变因素等各方面的讨论已经非常丰富，但这些基于不同的研究视角和研究目的的文献中却仍然存在许多争议和尚待填补的空缺。其一，对动态能力的内涵和维度还存在分歧。以蒂斯、皮萨诺和苏安（Teece，Pisano & Shuen，1997）和温特（Winter，2003）为代表的学者把动态能力视为抽象的高阶能力，而以艾森哈特和马丁（Eisenhardt & Martin，2000）为代表的学者则把动态能力视为完成具体的组织流程的能力，由此也生发出了对动态能力各种各样的维度划分（Barreto，2010；Di Stefano，Peteraf & Verona，2010）。这些研究极大地丰富了该领域的理论，但内涵和维度上的不统一也使得不同研究之间难以比较，阻碍了理论的深化与整合。其二，对不同类型的动态能力之间的关系尚缺乏深入讨论。基于流程能力观的研究者们出于不同的研究情境和研究目的，提出并分析了许多不同类型的动态能力（Danneels，2011；Helfat，2007；Li & Liu，2014）；但是，这些不同类型的动态能力并不是彼此孤立的，对它们之间存在什么样的关系仍然缺少深入的探讨。其三，对动态能力的作用还存在争议。多数研究发现动态能力可以促进企业绩效（Peteraf，Di Stefano & Verona，2013；Teece，2007）；但是，动态能力对企业的财务绩效和成长绩效的影响可能是不同的，而不同类型的动态能力的影响也可能会存在差异（Eisenhardt & Martin，2000；Schilke，2014；Teece，2012；Zollo & Winter，2002）。其四，对动态能力的前因的研究还不够全面。现有研究从环境因素、资源因素、学习因素、认知因素和社会资本等方面对企业动态能力的来源进行了讨论，为解释企业动态能力的来源提供了各种各样的思路（Hodgkinson & Healey，2011；Kleinbaum & Stuart，2014a；Zahra，Sapienza & Davidsson，2006）；但是，在动态能力的前因方面仍然有着大量可拓展的空间，比如现有研究关注的往往是企业资源的存量，而没有更深入地关注到其资源冗余可能为企业变革提供更多的战略灵活性（Battisti & Deakins，2017；McKelvie & Davidsson，2009；Zhang & Wu，2017）。

马奇和西蒙（March & Simon，1958）首次将资源冗余的概念引入组织理论，认为资源冗余是超出企业实际生产经营所必需的资源。西尔特和马奇（Cyert & March，1963）认为资源冗余的存在对缓冲环境变化和组织内部冲突有重要作用，并在理论上对资源冗余进行了精确定义和系统阐述。此后，学者们对资源冗余的内涵、维度、测量、前因、作用和权变因素等内容进行了研究，取得了大量的成果（Malen & Vaaler，2017；Marlin & Geiger，2015；Tan & Peng，2003；Zona，2012）。通过广泛的文献研究发现，资源冗余的现有研究中仍然存在两个主要不足。其一，对企业外部资源冗余的论述非常有限，资源冗余的概念和维度有待完善。企业的资源不仅存在于企业内部，也来自其社会网络（Nahapiet & Ghoshal，1998；Tsai & Ghoshal，1998；Walker，Kogut & Shan，1997）；然而，现有研究中资源冗余被定义为"企业拥有的资源与维持当前运营所必需的资源之间的差异"（Cyert & March，1963），对资源冗余的讨论基本局限在企业的内部资源，对其外部资源冗余却没有给予足够的重视（Daniel et al.，2004；Kuusela，Keil & Maula，2017；Bourgeois，1981）。其二，对资源冗余的作用仍然存在争议。多数的研究默认资源冗余与企业绩效之间存在线性关系，其中部分研究发现二者之间呈现正相关关系（George，2005；Miller & Leiblein，1996），而另一部分研究则发现二者之间呈现负相关关系（Cheng & Kesner，1997；Davis & Stout，1992；Zona，2012）；而近年来，少数研究开始以非线性关系研究两者之间的关系，发现有正 U 形（Bromiley，1991）、倒 U 形（Nohria & Gulati，1996；Tan & Peng，2003）等关系类型，对其作用的情境差异也未能形成一致的见解。

目前，已有大量研究讨论了资源冗余与企业绩效之间的关系（Cheng & Kesner，1997；Tan & Peng，2003；Zona，2012），也有大量研究讨论了动态能力与企业绩效的关系（Girod & Whittington，2017；Lin & Wu，2014；Wilden & Gudergan，2013）。基于资源基础观和核心能力理论，企业的能力是建立在其资源基础之上的（Barney，1991；Hamel & Heene，1994；Wernerfelt，1984）。资源冗余可以促进企业的研发投入、多元化战略、风险承担等行为（Hughes et al.，2015；Malen & Vaaler，2017；Singh，1986），可以为企业战略变革保留一定的灵活性（Gentry，Dibrell & Kim，2016；Herold，Jayaraman & Narayanaswamy，2006），有利于缓冲环境变化带来的冲击并帮助企业及时抓住机遇以实现新的发展（Bourgeois，1981；George，2005；Roberts & Stockport，2014）。因此，企业的资源冗余对其动态能力可能有促进作用；然而，现有研究中对资源冗余与企业动态能力之间关系的讨论还比较少，缺乏深入的理论分析，也缺乏必要的实证支持（Barreto，2010；Staber & Sydow，2002；Vlas，2017）。

基于以上理论争议和缺陷，本研究将沿着"资源冗余—动态能力—企业绩效"的逻辑主线展开，着重研究以下五个主题：第一，清晰界定资源冗余、动态能力和企业绩效的内涵和维度；第二，探讨不同类型的动态能力之间的相互影响；第三，探讨不同类型的资源冗余对各种动态能力和企业绩效的不同影响；第四，探讨各种动态能力对企业财务绩效和成长绩效的不同影响；第五，探讨环境动态性在动态能力和企业绩效之间关系上的调节作用。

1.2 研究意义

本研究旨在探讨和梳理企业资源冗余、动态能力与其绩效之间的关系，并将环境动态性纳入讨论，以整合现有的相关研究、填补现有理论中的不足。同时，本研究也旨在为企业在管理实践中及时根据环境变化有效地调整自身资源配置、更新其运营能力以保持竞争优势提供有益的启发。

1.2.1　理论意义

第一，现有研究中对资源冗余和动态能力等概念的定义和维度仍然存在一定争议，通过文献梳理和对比分析，形成清晰的定义和体系化的维度，可以整合现有的各种理论视角、平息现有的理论争议。

第二，现有研究往往基于不同的研究视角关注企业单一流程中的动态能力，彼此间缺乏联系和沟通，通过理论分析和实证检验，探讨不同类型动态能力之间的相互影响，可以深化动态能力的相关理论。

第三，分析不同类型资源冗余对动态能力和企业绩效的不同影响，同时探索动态能力的中介作用，打开资源冗余与企业绩效之间关系的黑箱，可以丰富资源冗余的相关理论。

第四，从资源冗余的角度探讨动态能力的来源，可以为理解企业间动态能力的差异提供新的理论视角；同时，分析不同类型动态能力对企业财务绩效和成长绩效的不同影响，可以丰富动态能力的相关理论。

第五，现有研究对环境动态性在资源冗余与企业绩效之间关系、动态能力与企业绩效之间关系上的调节作用仍有争议，本研究将环境动态性纳入讨论，进行理论分析和实证检验，可以为平息这些争议提供一定参考。

1.2.2　实践意义

第一，区分不同类型的资源冗余并分析它们对企业动态能力和绩效的不同影响，可以为企业如何配置和管理其内外资源提供有益指导，提升资源冗余的配置效率。

第二，研究企业在不同流程中的动态能力并探讨它们对企业绩效的作用，可以提高企业对动态能力的重视，增进对动态能力的了解，为企业有效地进行动态能力管理提供有益指导。

第三，把企业的财务绩效和成长绩效同时纳入讨论，对比分析不同类型的资源冗余和动态能力对财务绩效和成长绩效的不同影响，可以为企业如何平衡企业的短期绩效和长远发展提供有益指导。

第四，分析环境动态性的调节作用，可以帮助企业更好地根据环境的特点管理其资源冗余、培养其动态能力，发挥资源冗余和动态能力的最大作用。

1.3 研 究 设 计

1.3.1 研究对象

本研究以企业为基本研究单位，分析不同企业在各自的资源、能力条件下实现的绩效差异。在调研过程中，为了保障样本的代表性，本研究将选择具有不同年龄、规模和所有制的多样化的企业作为调研对象。

针对研究主题，本研究选择制造业和信息产业中的企业作为研究对象。制造业是国民经济的基础，也是在经济转型背景下受冲击最大的行业，其资源和能力的价值也最容易受到环境变化的影响，与本研究的主题十分吻合，很有研究价值。信息产业是新兴经济的代表，其资源、能力的构成与传统企业有很多差异，在快速成长的过程中也遇到了大量的问题，容易快速成长也容易突然死亡，通过理论研究帮助它们抓住时代机遇保持存活并不断成长也具有深远的意义。

1.3.2 研究方法

本研究将首先通过文献研究归纳现有研究的进展和不足，提出拟解决的问题；其次，在梳理相关理论的基础上，对变量间的逻辑关系进行理论拓展，形成研究假设；再次，在总结现有测量方法的基础上，结合访谈资料完善各个变量的测量量表；然后，采用问卷调查的方式，进行实地走访收集所需的数据；最后，采用结构方程模型等方法对数据进行分析以检验所提出的假设。

1.3.2.1 文献研究方法

本研究将通过广泛的文献检索和梳理，对资源冗余和动态能力等概念进行系统的综述，以把握当前研究的进展和不足，并据此提出本研究拟解决的问题；在深入比较现有研究中对各个概念的内涵和维度的基础上，结合本研究的视角和目的，对各个概念进行精确定义，明确各自的维度；援引相关理论和研究结论，对各个概念之间的关系进行逻辑演绎，提出本研究的假设和理论模型。

1.3.2.2 访谈研究方法

本研究主要是在文献研究的基础上总结现有研究中的成熟测量量表，但对于测量量表不完善或欠缺测量量表的变量，需要在访谈研究的基础上进行开发和完善。本研究首先对企业管理人员和相关领域的专家学者进行访谈，积累广泛的原始材料；然后，通过材料分析对不完善的量表进行补充完善，对欠缺测量量表的变量进行量表开发；最后，对专家学者进行回访，让其就新开发的量表条款进行开放式讨论，从而进行增删完善。

1.3.2.3 问卷调查方法

本研究的问卷调查主要包括小样本试测和大样本调研两个环节。首先，使用初始测量量表进行小样本试测，并通过探索性因子分析、内部一致性分析等方法对量表的信度、效度进行检验，根据检验结果删除效果不好的部分条款，修订完善调研问卷；然后，采用现场调研的方式，大规模地发放调查问卷，收集检验研究假设所需的数据。

1.3.2.4 数据分析方法

本研究使用 SPSS 24.0 软件对收集的数据进行描述性统计、探索性因子分析、内部一致性分析和相关分析；使用 AMOSS 21.0 软件进行验证性因子分析和结构方程模型分析。

1.3.3 研究技术路线

本研究沿着发现问题、分析问题、解决问题的思路，遵循理论研究与经验研究相结合、定性研究与定量研究相结合、逻辑归纳与逻辑演绎相结合的原则，聚焦于拟解决的问题科学地展开。由此，可归纳出本研究的技术路线，如图1.1所示。

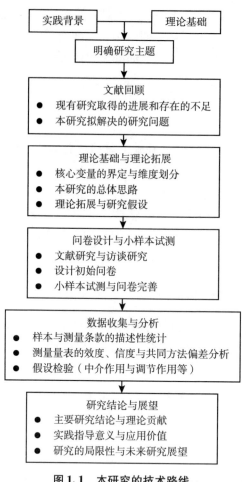

图1.1   本研究的技术路线

1.3.4   本研究结构安排

本研究将由7个循序渐进、环环相扣的章节构成，具体内容安排如下：

第1章，绪论。本章首先基于现实背景和理论现状提出本研究的主题，然后阐述本研究在理论与实践上的意义，接着简要介绍本研究的研究对象、研究方法、研究技术路线以及结构安排，最后简要总结本研究的主要创新点。

第2章，文献回顾。本章在全面深入地梳理现有文献的基础上，首先对本研究涉及的理论基础进行简要梳理；然后对资源冗余和动态能力的相关理论进行综述，明确现有理论研究的进展和不足；最后，根据现有研究的进展和不足提出本研究拟解决的问题。

第 3 章，理论拓展与研究假设。本章首先对本研究的核心概念进行清晰定义，接着梳理本研究的整体研究思路，最后，分为"资源动态能力、风险动态能力与技术动态能力之间的关系""资源冗余、风险动态能力与企业绩效之间的关系""资源冗余、技术动态能力与企业绩效之间的关系"三个子研究层层递进地分析各个概念间的关系并形成研究假设，建立相应的理论模型。

第 4 章，问卷设计与小样本试测。本章首先介绍本研究的问卷设计方法；然后，通过文献研究汇总现有的测量量表，结合访谈研究，对不完善的量表进行补充，对缺少的量表进行开发，形成初始测量量表；最后，收集小规模的样本进行测试，对数据进行探索性因子分析和内部信度分析等，进而修订完善测量量表。

第 5 章，数据收集与质量评估。本章首先详细介绍本研究的调研过程，包括调研方式、时间、地点以及样本数量等；然后，按照科学标准剔除无效问卷，录入数据，获得完整的有效数据；接着，对调研样本进行描述性统计分析，并对各个条款的均值、标准差、偏度、峰度进行分析以判断其大致分布；其次，通过探索性因子分析检验变量间的区分效度，通过内部一致性和 CITC 分析等检验变量的内部信度，对存在问题的测量条款进行净化；再次，通过验证性因子分析，对量表的收敛效度、建构信度和辨别效度等进行检验；再接着，使用单因素 Harman 分析、标签变量分析等方法检验数据中的共同方法偏差问题；然后，选取不同部门管理者数据测量企业各个变量形成企业数据，再对企业数据进行信度、效度分析；最后，检验各个控制变量对因变量的影响，确认假设检验中需要进一步分析的控制变量。

第 6 章，假设检验。本章主要分为三个部分，依次对"资源动态能力、风险动态能力与技术动态能力之间的关系""资源冗余、风险动态能力与企业绩效之间的关系""资源冗余、技术动态能力与企业绩效之间的关系"三个子研究的研究假设进行检验，并对假设检验的结果进行归纳和解读。

第 7 章，研究结论与展望。本章汇总本研究通过理论分析和实证检验所得到的结论，并进行相应的阐述说明；在此基础上，总结本研究在理论发展上的贡献和对管理实践的启示；最后，指出本研究在内容和方法上仍然存在的不足和未来研究的方向。

1.4 研究创新

本研究对资源冗余、动态能力与企业绩效之间的关系进行了理论探索和实证分析，并将环境动态性纳入讨论，填补了现有研究的理论空缺，主要具有以下五个方面的创新。

第一，完善和丰富了资源冗余和动态能力的内涵和维度。现有研究中对资源冗余的讨论基本局限在企业的内部资源，本研究基于资源基础观和社会资本理论，把企业外部网络冗余纳入资源冗余的范畴，丰富了资源冗余的概念；根据资源利用的灵活性，现有研究把资源冗余划分为低流动性冗余、高流动性冗余两类（Sharfman et al.，1988），相应地，本研究把企业外部网络划分为替代网络冗余和互补网络冗余两类，拓展了资源冗余的维度。现有研究大多遵从蒂斯、皮萨诺和苏安（Teece，Pisano & Shuen，1997）和温特（Winter，2003）的观点把动态能力视为抽象的高阶能力，而把动态能力视为流程能力的研究又往往较为零散，彼此间缺乏沟通融合（Drnevich & Kriauciunas，2011；Eisenhardt & Martin，2000；Zollo & Winter，2002）；本研究沟通动态能力的高阶能力观和流程能力观，识别了内嵌于企业资源管理、风险应对和技术创新三个不同流程中的动态能力，并讨论了其背后发挥作用的高阶能力，对现有研究成果进行了整合。

第二，发现了不同类型动态能力之间的关系。现有研究基于不同的目的和视角研究了许多不同类型的动态能力，但对不同类型动态能力之间的关系还缺乏关注（Danneels，2011；Helfat，2007；Li & Liu，2014）；本研究发现了资源动态能力对风险动态能力和技术动态能力的促进作用，风险动态能力对技术动态能力的促进作用，以及风险动态能力在资源动态能力和技术动态能力之间的中介作用，建立了"资源动态能力—风险动态能力—技术动态能力"的逻辑链条，深化了动态能力的相关理论。

第三，发现了不同类型资源冗余对动态能力的不同影响。现有研究中对企业动态能力前因的讨论大多只关注企业内部资源的存量，鲜有聚焦于企业资源冗余的研究（Battisti & Deakins，2017；Zhang & Wu，2017；Vlas，

2017）；本研究深入对比分析了企业内外资源冗余对动态能力的不同影响，发现高流动性冗余和互补网络冗余对各种动态能力都有显著的促进作用，而低流动性冗余和替代网络冗余对各种动态能力的促进作用较小。

第四，揭示了动态能力在资源冗余与企业绩效之间的中介作用。现有研究已经讨论了资源冗余与企业绩效之间的关系（Cheng & Kesner，1997；Tan & Peng，2003；Zona，2012），也已经讨论了动态能力与企业绩效的关系（Girod & Whittington，2017；Lin & Wu，2014；Wilden & Gudergan，2013），但对资源冗余、动态能力和企业绩效之间关系的整合研究还很少；本研究通过建立"资源冗余—动态能力—企业绩效"的逻辑链条，发现了动态能力在资源冗余与企业绩效之间关系上的中介作用，打开了资源冗余与企业绩效之间关系的黑箱，全面整合了资源冗余与动态能力的相关理论。

第五，分析了环境动态性在动态能力与企业绩效之间关系上的调节作用并不显著。现有研究中发现了资源冗余与企业绩效之间、动态能力和企业绩效之间存在不确定关系，但对于这些关系受到哪些情境因素的影响以及有什么样的影响仍然存在争议（Greenley & Oktemgil，1998；Schilke，2014；Zollo & Winter，2002）；本研究发现在大多类型的动态能力与企业绩效之间的关系上环境动态性的调节作用都不显著，证明了即使在低动态性的环境中动态能力也能促进企业绩效。

1.5　本章小结

本章从现实背景和理论现状出发，提出了本研究的主题，分析了本研究的理论意义与实践意义，并明确了本研究的对象、方法、技术路线和章节安排，最后简要阐述了本研究的主要创新点。

第2章

文 献 回 顾

本章将首先介绍本研究内容背后的理论逻辑，以期有的放矢地进行文献回顾工作；然后围绕研究主题，对资源冗余和动态能力的相关文献进行广泛而系统的检索、收集和梳理，以归纳现有研究的进展和不足；最后，针对现有研究的不足，整合资源冗余和动态能力的相关理论，提出本研究拟解决的问题。

2.1　文献回顾思路

本研究旨在探讨企业资源冗余、动态能力与其绩效之间的关系。这些研究内容涉及许多不同的基础理论，不同的理论不仅有着不同的概念和命题，还有不同的前提假设和适用边界。对研究内容背后的理论逻辑进行梳理，沟通各个理论之间的联系，有利于使其互为补充地共同构成本研究的理论基础。在此基础上形成文献回顾思路，有助于文献回顾时有的放矢，把各种理论按照科学的逻辑结构组织起来，发现理论间的关系和存在的问题。

　　企业如何获取并保持竞争优势而获取高于行业平均的利润回报是战略管理中最为核心的问题。以波特（Porter，1980，1985）为代表的战略定位学派认为宏观环境、产业环境以及行业的竞争态势决定了各个行业中企业的盈利能力和正确的战略定位；但是，战略定位学派忽略了企业自身资源和能力上的差异，因而不能解释同一行业内不同企业之间的绩效差异。为了解释企业绩效的差异和竞争优势的来源，研究者从企业内部资源特征出发，建立了资源基础观。

　　潘洛斯（Penrose，1959）首创了企业资源的概念，把企业看成资源的集合，并建立了"资源—产品—竞争优势—扩大经营—新资源"的企业成长路径；沃纳菲尔特（Wernerfelt，1984）首次明确提出了"资源基础观"的分析视角，强调了企业的内部资源对企业获取并维持竞争优势的作用；巴尼（Barney，1986）深入分析了企业资源形成持续竞争优势的具体过程；巴尼（Barney，1997）还指出企业资源需要经过企业的有效组织才能发挥最大的作用。至此，资源基础观渐趋成熟，成为组织研究领域的基本理论。在资源基础观基础上，哈特（Hart，1995）发展了自然资源禀赋观，格兰特（Grant，1996）发展了知识基础观等理论，使资源基础观得到了更深化的发展和更广泛的应用。

　　资源基础观建立在两个基本假设之上：资源异质性假设和资源固定性假设（Barney & Hesterly，2010）。一方面，不同企业拥有不同的资源配置，因此在完成特定活动中某些企业会比其他企业更为擅长；另一方面，资源在企业间的流动并不是完全自由的，企业之间资源的异质性在一定时期内得以持续，因此企业基于特定资源的竞争优势也就得以持续（Romme et al.，2010；Teece，2009）。

　　企业资源包括有形资源和无形资源，但对企业最有价值的往往是无形资源，如知识、技术和智力资本等。巴尼（Barney，1991）指出了企业资源形成竞争优势必需的四个特性，即有价值的、稀缺的、难以模仿的和难以替代的，建立了资源基础观的基本分析框架。彼得罗夫（Peteraf，1993）进一步指出企业应当实施四种互为补充的竞争战略，即通过以资源异质性为核心的竞争战略获得李嘉图租金（超额利润）和张伯伦租金（垄断租金），通过事后限制竞争战略保障这些租金的持续性，通过不完全流动性竞争战略防止其他企业对这些租金的侵蚀，通过事前限制竞争战略降低企业成本而扩大这些租金。科里斯和蒙哥马利（Collis & Montgomery，1997）则进一步指出企业所拥有的独特资源以及在特定的环境下配置资源的方式，可以为企业带来熊·彼特租金（创新租金）。

然而，资源基础观中资源的有价值的、稀缺的、难以模仿的和难以替代的特性往往是通过产出变量来定义的，可能存在同义反复的问题，难以得到证伪（Priem & Butler，2001；沈涛，2017；左莉等，2017）。而且，资源基础观的分析框架是静态的，忽略了企业行为的影响，也不能解释环境变化时企业资源作用的变化（Barney，Ketchen & Wright，2011；Conner，1991）。作为资源基础观的补充和发展，学者们建立了核心能力理论。核心能力理论认为，把企业竞争优势归于静态的资源是有缺陷的。一方面，能力是一种特殊的企业资源，被特别地组织起来以提高其他资源的效率（Katkalo，Pitelis & Teece，2010；Makadok，2001）；另一方面，能力又与资源不同，能力以企业中的人为载体，是在企业配置、开发、保护、使用和整合资源过程中体现出来的（Hamel & Heene，1994；Prahalad & Hamel，1990）。企业能力通常表现为组织流程或惯例，是不同的组织流程和惯例的组合（Dosi，Nelson & Winter，2000）。

核心能力理论认为企业是独特能力的集合体，而核心能力是缄默知识、关键技能与稀缺资源的有机组合，而不仅仅依赖于企业资源（Leonard-Barton，1992；Sanchez，Heene & Thomas，1996）。企业的财务绩效、规模经济的范围、多元化战略的领域等内容都最终取决于企业自身的核心能力（王毅、陈劲、许庆瑞，2000）。然而，核心能力容易导致企业过度自满而陷入成功陷阱，部分能力在环境变化时反而可能成为企业变革的障碍，使得核心能力理论产生"核心刚性"的问题（Leonard-Barton，1992；Teece & Pisano，1994）。

针对资源基础观和核心能力理论存在的问题，蒂斯、皮萨诺和苏安（Teece & Pisano，1994）、蒂斯、皮萨诺和苏安（Teece，Pisano & Shuen，1997）等提出了动态能力的概念，认为动态能力是企业构建、整合和重构企业资源和能力以适应环境变化的能力。企业只有紧跟环境的变化及时调整其资源基础进而重构其运营能力以匹配新的环境要求，才能保持持续的竞争优势。艾森哈特和马丁（Eisenhardt & Martin，2000）则进一步指出动态能力的作用在于优化企业资源、升级企业能力，不仅在动态变化的环境下有效，在稳定的环境下对企业形成竞争优势也有重大作用，从而拓展了动态能力的应用范围。温特（Winter，2003）则引入了高阶能力的概念，认为动态能力是改变企业运营能力的高阶能力。贾瓦迪（Gavetti，2005）则深入分析了企业动态能力的微观基础。

作为资源基础观的另一种补充和发展，企业社会资本理论认为企业资源不仅来自其内部，也来自其社会网络。社会资本的概念最早由布尔迪厄（Bourdieu，1980）引入社会科学领域，格兰诺维特（Granovetter，1977，1985）则在个人层面讨论了弱关系和强关系的作用，而伯特（Burt，2000）则明确指出了企业内部的和企业之间的各种关系都可以成为企业的社会资本，把社会资本的概念引入企业层面，科卡和普莱斯考特（Koka & Prescott，2002）解释了社会资本从个人层面引入企业层面的内在逻辑。

企业社会资本理论主要有资源说、能力说和网络说三种流派。资源说认为，社会资本是基于持久网络而形成的实际的或潜在的资源，可以降低企业获取特定资源的交易成本（Bourdieu，1997）；能力说认为，社会资本是获取资源的能力，这种能力不是企业或个人固有的，而是嵌入在与其他主体的关系之中（Portes，1995）；网络说认为，社会资本是一种能给网络中的行动者提供信息和资源的网络结构，特定的结构洞推动了信息和资源的流动（Burt，2000）。虽然这三种学说各有侧重，但都共同地把社会资本与普通的物质资源或人力资源等相区别，认为社会资本产生于社会网络之中，可以为企业获取普通的物质资源和人力资源提供便利，从而有利于企业绩效。

通过以上理论梳理可以发现，资源基础观从企业所拥有的资源特征出发，解释竞争优势的来源，企业社会资本理论把外部资源纳入讨论拓展了企业的资源基础，核心能力理论强调了资源管理和应用过程中企业主观能动性的作用，动态能力理论则进一步解决了核心能力如何发展和更新的问题。由此，可以形成本研究的理论逻辑和文献回顾思路，如图 2.1 所示。

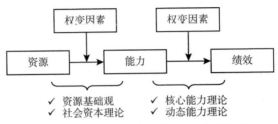

图 2.1 本研究的理论逻辑和文献回顾思路

2.2　资源冗余的相关研究

古典经济学理论认为企业资源会自动匹配其生产水平而得到充分利用，资源冗余并不存在或者可以忽略不计；然而，这样的理想状态极少存在，现实中企业会出于各种各样的考虑或制约而存有或多或少的资源冗余。马奇和西蒙（March & Simon，1958）首次将资源冗余的概念引入组织理论，认为资源冗余是超出企业实际生产经营所必需的资源；西尔特和马奇（Cyert & March，1963）认为资源冗余的存在对缓冲环境变化和组织内部冲突有重要作用，并在理论上对资源冗余进行了定义和阐述；布儒瓦（Bourgeois，1981）进一步探讨了资源冗余的类型和测量方式，为开展实证研究打下了坚实基础；沙夫曼等（Sharfmam et al.，1988）则按资源冗余的灵活性特征对其进行了分类讨论，深入分析了不同类型资源冗余的不同作用；辛格（Singh，1986）、戴维斯和斯托特（Davis & Stout，1992）等研究则基于不同的研究视角，分别发现了资源冗余对企业绩效的正向关系和负向影响；布罗米利（Bromiley，1991）、诺利亚和古拉蒂（Nohria & Gulati，1996）以及谭和彭（Tan & Peng，2003）等则进一步发现了资源冗余与企业绩效之间的非线性关系。至此，对冗余资源的讨论开始百花齐放，得到了长足的发展。然而，在这些丰富的讨论中，对冗余资源的内涵、维度、作用以及权变因素仍然存在一定的分歧。对这些内容进行全面的梳理，可以为后续的研究奠定坚实基础。

2.2.1　资源冗余的内涵

学者们基于不同的研究目的和理论视角，对资源冗余的概念进行了不断地丰富和发展。通过广泛的文献搜索和对比分析发现，资源冗余的内涵界定主要可以归纳为无偏见的、积极的和消极的三种类型，如表2.1所示。

表 2.1 资源冗余的内涵归纳

类型	内涵	文献
无偏见的	超出企业实际生产经营所必需的资源	March & Simon, 1958
	企业拥有的资源与维持当前运营所必需的资源之间的差异	Cyert & March, 1963
	在既定的计划期内, 组织可用的过剩的资源	Bromiley, 1991
	企业资源中超过特定产出水平的最低投入的部分	Nohria & Gulati, 1996
	可以自主利用的闲置资源	Tan & Peng, 2003
积极的	企业内可供使用, 以应对环境变化所带来的外部变化压力、内部调整压力的缓冲性资源	Bourgeois, 1981
	没有明确目标, 在不确定环境中发挥作用的知识库存	Leventhal & March, 1993
	企业中潜在的可利用的资源, 可被转移或重新部署以实现组织目标	George, 2005
	没被充分部署的资源, 为组织战略调整以抓住环境变化的机会提供了灵活性	Gentry, Dibrell & Kim, 2016
消极的	决策者为满足自身需求而促成组织购买的超出维持组织正常运转实际需求的资源	Child, 1972
	组织在生产活动中长期不能充分利用自身资源, 从而产生剩余资源的累积	March, 1979
	闲置的、增加企业成本、降低企业运营效率的资源	Cheng & Kesner, 1997
	超出企业实际最低需求的人员、资本等资源的堆积	Zona, 2012

资料来源: 根据廖中举、黄超和姚春序 (2016) 以及相关文献补充整理。

从表 2.1 可以看出, 马奇和西蒙 (March & Simon, 1958)、西尔特和马奇 (Cyert & March, 1963) 等早期研究对资源冗余的定义是无偏见的, 抓住了资源冗余超出了组织正常运营所必需这一本质特征, 而没有对其作用进行任何的判断; 随着对资源冗余研究的深入, 部分研究开始侧重于资源冗余的积极作用, 认为资源冗余可以应对环境不确定性, 提高企业战略灵活性; 另一部分研究则更关注资源冗余的消极影响, 认为资源冗余增加了企业的运营成本, 降低了企业运营效率。

虽然这些定义各有不同, 但从中可以归纳出资源冗余的三个基本特征:

一是资源冗余超过了企业当前生产水平的必需，二是资源冗余有被利用的可能，三是资源冗余有许多不同的形式和潜在影响。为了避免先入为主的偏见，更全面地理解和研究资源冗余，本研究遵循马奇和西蒙（March & Simon，1958）、西尔特和马奇（Cyert & March，1963）的观点，把资源冗余定义为"企业拥有的超过维持当前生产水平所必需的资源"。

然而，以上讨论只关注了企业内部资源冗余，没有给予企业外部资源足够的重视。企业资源不仅存在于企业内部，也来自其社会网络（Nahapiet & Ghoshal，1998；Tsai & Ghoshal，1998；Walker，Kogut & Shan，1997）。基于联盟网络资源交换的角度，古拉蒂（Gulati，1998）把企业社会网络定义为"一种企业自愿的彼此进行资源交换、共享、联合开发产品、技术及服务的安排"。然而，并不是所有联盟资源都已得到有效利用（Das & Teng 2000），当联盟网络没有得到充分利用时，就会形成企业的社会网络冗余。因此，本研究进一步把资源冗余的内涵拓展为"企业拥有的超过维持当前生产水平所必需的内部资源和外部网络"。

2.2.2　资源冗余的维度

部分研究把资源冗余当作单一维度进行研究（Bromiley，1991；Singh，1986）；然而，不同类型的资源冗余对企业可能有截然不同的影响（Geiger & Cashen，2002）。资源冗余以多种形式存在于企业之中，学者们基于不同的研究视角、根据不同的标准对其进行了各式各样的分类，可归纳如表2.2所示。

表2.2　　　　　　　　　　　资源冗余的维度归纳

标准	维度	文献
是否出于特定目的	未吸收冗余（unabsorbed slack）	Singh，1986
	已吸收冗余（absorbed slack）	
利用难度	可利用冗余（available slack）	Bourgeois & Singh，1983
	可恢复冗余（recoverable slack）	
	潜在的冗余（potential slack）	

续表

标准	维度	文献
灵活性	低流动性冗余（low discretion slack） 高流动性冗余（high discretion slack）	Sharfman et al. ，1988
资源类型	人力资源冗余、技术冗余和组织控制系统冗余	Mayer，1982
	财务冗余、顾客关系冗余、人力资源冗余和运营冗余	Voss, Sirdeshmukh & Voss, 2008
	管理冗余、财务冗余和创新冗余	Mousa & Reed，2013
	有形冗余、无形冗余	Kim，Cho & Khieu，2014

资料来源：根据相关文献整理。

首先，根据资源冗余的存在是否出于特定目的，可以划分为未吸收冗余和已吸收冗余两类。未吸收冗余是被暂时闲置以备用于新目标的资源，如闲置的现金和有价证券等；已吸收冗余则是为了达到特定目的而有意增加的投入，如偏高的薪酬水平、销售费用或闲置的设备等（Singh，1986；Thomson & Millar，2001）。

其次，根据资源冗余的利用难度，可以划分为可利用冗余、可恢复冗余和潜在冗余三类。可利用冗余还没被当前生产系统所吸收，可直接用于其他途径；可恢复冗余是已嵌入生产系统中的超额成本，需要经过科学调整后才能重新利用；潜在的冗余还不为企业直接拥有，但可以为组织吸引外部资源（Bourgeois，1981；Bourgeois & Singh，1983）。

最后，根据资源冗余的灵活性，可以划分为低流动性冗余和高流动性冗余两类。低流动性冗余的使用范围很窄，难以用于其他途径，如闲置的设备、偏高的管理费用和半成品库存等；高流动性冗余的用途广泛，可以灵活地用于新的用途，如现金、贷款授信和原材料存货等（Sharfman et al.，1988）。

此外，根据资源自身的类型，还可以划分为人力资源冗余、技术冗余和组织控制系统冗余等（Mayer，1982），或划分为财务冗余、顾客关系冗余、人力资源冗余和运营冗余等（Voss，Sirdeshmukh & Voss，2008），或划分为管理冗余、财务冗余和创新冗余等（Mousa & Reed，2013），或划分为有形冗余和无形冗余（Kim，Cho & Khieu，2014）。

这些不同的分类各自关注了冗余资源的某个方面的性质，但是在内涵上也存在着较多的交叉重合。已吸收冗余、可恢复冗余和低流动性冗余三者具有较大的相似性，都是在一定程度上已被企业当前运营吸收而较难重新利用的冗余，但三者在占用程度和利用难度上又稍有差别；未吸收冗余、可利用冗余和高流动性冗余三者也具有较大的相似性，都是闲置在企业中可以比较轻易地用于新目的的冗余，但各自的存在方式和原因又稍有不同。在深入对比分析的基础上，结合本研究探索资源冗余与动态能力之间关系的研究目的，本研究选择根据资源冗余的灵活性进行分类。

与资源冗余的内涵一样，以上讨论只关注了企业内部资源冗余的维度，缺少对企业外部资源冗余的讨论。布儒瓦和辛格（Bourgeois & Singh，1983）所定义的潜在的冗余涉及了企业可以从外部获得的资源，但没有进一步深入探讨。达斯和邓（Das & Teng，2000）从网络资源与自身资源的相似性和利用程度两个维度进行分析，把企业社会网络划分为补充的（supplementary）、过剩的（surplus）、互补的（complementary）和浪费的（wasteful）四类。补充的社会网络是与企业现有资源相似且得到了充分利用的社会网络，过剩的社会网络是与企业现有资源相似且未得到有效利用的社会网络，互补的社会网络是与企业现有资源不相似且得到了充分利用的社会网络，浪费的社会网络是与企业现有资源不相似且未得到有效利用的社会网络。其中，过剩的社会网络和浪费的社会网络可以看作企业社会网络冗余。但是，目前的命名隐含了对其价值的消极判断。本研究从资源冗余的角度出发，把过剩的社会网络重新命名为替代网络冗余，把浪费的社会网络重新命名为互补网络冗余。替代网络冗余是未被充分利用的、与企业现有资源相似的社会网络，如富余的销售渠道、承包商的生产能力、供应商的供应能力等；互补网络冗余是未被充分利用的、与企业现有资源不相似的社会网络，如关系良好的、没有特定合作的科研院校和各种企业联盟等。替代网络冗余与企业自身资源相似，一般可以用于扩大企业的当前业务，灵活性较低；而互补网络冗余能提供各种新的资源，可以用于开发新业务，灵活性较高。因此，资源冗余根据其来源和灵活性可以划分为四种类型，如表2.3所示。

分类	灵活性低	灵活性高
内部资源	低流动性冗余 low-discretion slack	高流动性冗余 high-discretion slack
外部网络	替代网络冗余 supplementary-network slack	互补网络冗余 complementary-network slack

表 2.3 　　　　　　　　　　　　　　本研究资源冗余的类型

2.2.3　内部资源冗余的作用

现有研究对企业内部资源冗余的作用已经有十分广泛的探讨，可以归纳为对企业绩效的直接作用、通过其他中介变量影响企业绩效的间接作用和影响其他变量与企业绩效之间关系强度的调节作用三个方面。

2.2.3.1　直接作用

对资源冗余与企业绩效关系的讨论十分丰富，不同研究之间的结论却存在很大的差异。多数的研究默认资源冗余与企业绩效之间存在线性相关而展开分析，其中部分研究发现二者之间呈现正相关关系，而另外一部分研究则发现二者之间呈现负相关关系；而近年来，部分研究开始以非线性模型研究两者之间的关系，发现有正 U 形、倒 U 形和转置的 S 形等关系。

（1）正相关关系。部分学者发现资源冗余可以促进创新和风险承担行为，使企业有机会尝试新项目，因而能促进企业绩效（Singh，1986；Su，Xie & Li，2009）；另一部分学者从环境变化带来的危机着眼，发现资源冗余使得企业可以避免受到动荡环境的破坏，因而能帮助维持良好的企业绩效（George，2005）。在对资源冗余具体维度的讨论中，米勒和利布林（Miller & Leiblein，1996）发现只有可恢复冗余能提高企业财务绩效，而其他类型资源冗余的作用并不显著；而李文君和刘春林（2012）则发现未吸收冗余和已吸收冗余都可以提高企业的财务绩效。

（2）负相关关系。部分学者认为，资源冗余超出了既定生产水平的最低投入，增加了企业成本，会降低企业的财务绩效（Cheng & Kesner，1997）；此外，部分学者发现资源冗余可能使得管理者过度自信和安于现状，从而降低了企业的市场反应速度，因此可能会对企业绩效有负向影响（Davis & Stout，1992；Zona，2012）。

（3）正 U 形关系。部分学者研究发现只有当资源冗余达到一定量后才能给予企业足够的创新空间，当资源冗余较少时，不仅对企业创新的作用不大，还降低了企业资源的利用效率，因此资源冗余与企业绩效呈现正 U 形关系（Bromiley，1991；李晓翔、刘春林，2011）。

（4）倒 U 形关系。与前文相对应的是，另有部分学者研究发现，资源冗余与企业绩效呈现倒 U 形关系：资源冗余较少时，可以促进企业创新，对企业绩效有积极影响；而当资源冗余过量后，则难以得到充分利用，反而会降低企业绩效（Herold，Jayaraman & Narayanaswamy，2006；Nohria & Gulati，1996；Tan & Peng，2003）。

（5）转置的 S 形关系。综合正 U 形关系和倒 U 形关系的观点，部分学者研究发现过少的资源冗余对企业是浪费，适量的资源冗余可以促进企业绩效，而过量的资源冗余则会再次成为浪费，因此资源冗余与企业绩效呈现转置的 S 形关系（蒋春燕、赵曙明，2004）。

2.2.3.2 间接作用

大量研究表明，资源冗余对企业绩效的影响是通过许多中介变量实现的，主要有技术创新和多元化战略等。

（1）技术创新。较高的资源冗余使得企业需要经常寻找机会把这些闲置的资源投入使用，在发现环境变化带来的市场机会或技术机会时也为企业提供了足够的灵活性快速跟进（Herold，Jayaraman & Narayanaswamy，2006；Lee，2015），更保证了企业有足够的资源和能力去实现这些创新，而不至于瞻前顾后错失良机，因此资源冗余可以促进企业的创新，从而促进企业绩效（Malen & Vaaler，2017；Marlin & Geiger，2015）。

（2）多元化战略。一方面，企业实施多元化战略需要更多的冗余资源支持；另一方面，当企业存在大量资源冗余时，为了提高资源配置效率，企业也更倾向于采取多元化战略（Hughes et al.，2015；Natividad，2013）。此外，企业采取多元化战略时必然要对部分现有资源进行重新配置，更多的资源冗余可以降低企业战略执行中可能遇到的阻力（Tan & Peng，2003；刘冰、符正平、邱兵，2011）。

2.2.3.3 调节作用

资源冗余不仅直接或间接影响企业绩效，还会影响许多其他变量与企业绩效之间的关系。例如，莫雷诺、费尔南德斯和蒙特斯（Moreno，Fernandez & Montes，2009）研究发现资源冗余会增强组织学习对质量管理的促进作用；李文君和李晓翔（2011）研究发现资源冗余会降低突发事件对企业绩效的破坏作用；李远东（2016）研究发现资源冗余会提高突破性创新对企业绩效的促进作用；李和吴（Lee & Wu，2016）研究发现，资源冗余增强了研发投入与绩效之间的关系。

综上所述，可以发现资源冗余对企业绩效的积极作用和消极作用其实是同时存在的，只是在不同的情境下二者的相对大小有所差异，由此而呈现出不同的整体作用（Chiu & Liaw，2009）。当企业面临的主要挑战是效益问题，资源冗余给企业带来的灵活性在应对环境变化和内部压力时大有裨益，通过促进创新、多元化战略和风险承担对企业绩效有正向作用；当企业面临的主要挑战是效率问题，资源冗余则表现为企业运营成本的增加，对企业绩效有负向作用。因此，资源冗余对企业的短期财务绩效和长期成长绩效的影响可能是不同的，需要加以辨别。

如前所述，资源冗余与企业绩效之间的关系在不同研究中呈现了较大的差异，而这些差异可能是受到了各种情境因素的影响，在不同的情境下资源冗余与企业绩效间会呈现不同的关系类型（Bradley，Wiklund & Shepherd，2011；Vanacker，Collewaert & Paeleman，2013）。现有研究中关注的情境因素主要有环境因素、行业因素和组织因素等。

（1）环境因素。现有研究表明，环境动态性会加强资源冗余与企业创新或企业绩效之间的正向关系。比如，李苗（2016）发现环境动态性会加强财务冗余对技术创新的促进作用；王亚妮和程新生（2014）发现已吸收冗余与企业绩效之间呈正 U 形关系，而环境动态性加强了这种正 U 形关系。

（2）行业因素。现有研究表明，行业类型、竞争强度和行业生命周期等因素也会影响资源冗余与企业绩效之间的关系。例如，李文君和刘春林（2011）发现行业的竞争强度越激烈，未吸收冗余对企业绩效的正向影响越大，已吸收冗余对企业绩效的负向影响也越大。

（3）组织因素。现有研究中对组织因素在资源冗余与企业绩效之间关系的调节作用的研究还比较少，应当引起学者们更多的注意。资源冗余增加了企业的运营成本，只有管理得当才能充分发挥其价值。因此，组织的代理结构、资源管理能力、风险偏好、战略倾向等因素都很可能对资源冗余的价值发挥产生重大影响。

2.2.4 外部网络冗余的作用

外部网络冗余是本研究新定义的概念，文献检索发现基本还没有关于这一概念的具体研究，但是关于企业联盟、社会网络和社会资本等相关概念的研究非常丰富。虽然这些研究关注的是企业外部网络的总量，但也可以为研究企业外部网络冗余提供一定的参考。

现有研究大多认为企业社会网络对企业绩效有积极影响。首先，企业社会网络可以帮助企业获取更多的外部资源，有利于提高企业的风险应对水平，也有利于企业正常运营和业务扩张（Turban, Bolloju & Liang, 2011；王庆喜和宝贡敏，2007；张敏、童丽静和许浩然，2015）；其次，社会网络可以帮助企业降低交易成本，更快地进入市场，从而建立起竞争优势（朱福林和陶秋燕，2014）；此外，社会网络还可以为企业获取新信息、新知识和新技术、提升企业的吸收能力和资源整合能力，从而促进企业的技术创新尤其是突破性创新（Gronum, Verreynne & Kastelle, 2012；Tsai, 2001；冯军政、刘洋和金露，2015；韦影，2005）。企业的外部网络冗余是未被占用的社会网络，可以更为灵活地应用于企业的战略需要中，因此也可能通过促进企业的资源获取、降低企业的交易成本和提升企业的技术创新从而对企业绩效产生积极影响。

同时，现有研究发现企业社会网络的类型和多样性对其绩效也有不同影响。例如，乔治等（George et al., 2001）对比分析了企业的纵向联盟网络和横向联盟网络，发现横向联盟网络更能提升企业发现知识和应用知识的能力，因而对企业产品开发绩效和市场销售绩效的积极作用更大。其他学者从联盟伙伴类型（客户、供应商、竞争者、集团子公司、大学、公共研究中心、商业研发机构等）和联盟网络来源（国内或国外）等角度分析了企业联盟网络多样性的影响，发现企业联盟多样化可以促进企业的生产效率、渐进性创新和突破性创新等，从而可以提升企业绩效（Cui & O'Connor, 2012；De Leeuw, Lokshin & Duysters, 2014；Zouaghi, Garcia & Garcia, 2015）。相似地，不同类型的外部网络冗余对企业绩效的影响也可能不同，互补网络冗余因为灵活性更高、更能提高企业联盟的多样性，因而对企业绩效的作用很可能会大于替代网络冗余。

此外，企业外部网络对企业绩效的影响也会受到许多情境因素的影响。例如，有研究表明，市场化水平越低，企业社会网络对其风险承担的促进作用就越强（张敏、童丽静和许浩然，2015）；环境动态性越高，社会网络对组织学习及其技术创新的促进作用越大（潘松挺，2009；王永健等，2016）。对于外部网络冗余来说，这些因素的调节作用可能更大，因为在市场化水平更低、环境动态性更高的情况下，企业可能面临更大的制度压力和环境风险，需要保持更多的外部网络冗余以便快速调整其业务范围和竞争战略。

2.3　动态能力的相关研究

蒂斯和皮萨诺（Teece & Pisano，1994）、蒂斯、皮萨诺和苏安（Teece，Pisano & Shuen，1997）首创了动态能力的概念，认为企业的能力需要与环境要求相匹配，企业只有紧跟环境的变化及时调整其战略、整合其资源从而改变其能力才能保持持续的竞争优势。艾森哈特和马丁（Eisenhardt & Martin，2000）则进一步指出动态能力的作用在于优化企业资源、升级企业能力，即使是在稳定的环境下对企业提升竞争优势也有重大作用，从而拓展了动态能力的应用范围。经过二十多年的发展，动态能力的重要性逐渐得到了学术界的广泛认可，但不同的研究对其内涵和构成等方面仍未达成一致的认识（Barreto，2010；Di Stefano，Peteraf & Verona，2010）。出于对动态能力内涵的不同见解，不同研究中对动态能力的维度、前因、作用及权变因素等方面业都存在很多分歧（Arend & Bromiley，2009；Easterby-Smith，Lyles & Peteraf，2009）。对这些内容进行全面的梳埋，明确动态能力相关研究的理论进展和不足，可以为后续的研究奠定坚实基础。

2.3.1　动态能力的内涵

基于不同的研究目的和理论视角，现有研究对动态能力的内涵进行了各式各样的界定，丰富了该领域的研究；然而内涵的模糊也使得理论分析难以深入，不同研究之间难以比较，更可能造成实践者无所适从。通过广泛的文献搜索和分析发现，动态能力的内涵主要有高阶能力观和流程能力观两种类型，如表 2.4 所示。

表 2.4 动态能力的内涵归纳

类型	内涵	文献
高阶能力观	为适应环境变化而建构、整合或重构企业内外部资源与能力的能力	Teece, Pisano & Shuen, 1997
	组织学习后形成的稳定的集体模式，可以据此形成或修改其运营管理提高效率	Zollo & Winter, 2002
	拓展、修改和创造常规能力的高阶能力	Winter, 2003
	合理地重新配置企业资源和惯例的能力	Zahra, Sapienza & Davidson, 2006
	有目的地构建、调整或拓展其资源组合的能力	Helfat, Finkelstein & Mitchell, 2007
	塑造和重新塑造、配置和重新配置资源的能力	Augier & Teece, 2009
	整合、构建、重新配置组织能力以应对环境变化形成的业务挑战从而获取竞争优势的能力	West et al. , 2014
	改变现有的运营能力并创造新的组织资源和能力的高阶能力	Wang, Senaratne & Rafiq, 2015
	获取、整合、重构内外部资源和能力的高阶能力	龙思颖, 2016
流程能力观	一系列特定的、可识别的流程	Eisenhardt & Martin, 2000
	感知和识别机会与威胁的能力	Teece, 2007
	协调、学习及战略竞争响应能力	Protogero, Caloghirou & Lioukas, 2011
	企业整合、重组、获得和释放资源以匹配市场变化的过程	Vanpoucke, Vereecke & Wetzels, 2014
	调整企业资源和流程与战略决策相适应的能力	Zahra, Wright & Abdelgawad, 2014

续表

类型	内涵	文献
流程能力观	企业感知机会和威胁，及时做出决策、执行决策，从而形成潜在系统以解决问题的能力	Li & liu, 2014

资料来源：根据宝贡敏和龙思颖（2015）、冯军政和魏江（2011）以及相关文献补充整理。

从表 2.4 可以看到，以蒂斯、皮萨诺和苏安（Teece，Pisano & Shuen，1997）和温特（Winter，2003）为代表的学者，强调动态能力对企业常规能力（低阶能力）的影响，认为动态能力是主动地、有目的地拓展、修改和创造常规能力的高阶能力。动态能力决定了企业常规能力能否改变、改变的速度以及能否正确地改变以适应环境的变化（Helfat & Peteraf，2003；Katkalo，Pitelis & Teece，2010；Winter，2003；Teece，2012）。以艾森哈特和马丁（Eisenhardt & Martin，2000）为代表的其他学者，认为把动态能力定义为高阶能力存在过于抽象和同义反复的问题，因此把动态能力定义为具体的、可辨认的组织流程，例如，战略决策、产品研发、市场营销等（Danneels，2008；Li & Liu，2014）。流程能力观认为动态能力是企业在完成具体组织流程的过程中体现出来的能力，这些动态能力与普通能力的不同在于它们为企业解决问题提供了新的惯例（Katkalo，Pitelis & Teece，2010）。

蒂斯、皮萨诺和苏安（Teece，Pisano & Shuen，1997）提出，可以从流程（process）、位势（position）和路径（path）三个方面对动态能力进行分析，得到了很多研究的认可和应用（Helfat & Peteraf，2009；Teece，2014）。流程指企业任务被完成的方式和惯例，位势指企业拥有的资产类型和配置方式，路径指企业应对环境变化的战略选择和战略路径。蒂斯、皮萨诺和苏安（Teece，Pisano & Shuen，1997）认为，企业的前期路径决定了企业当前的位势，进而形成了当前的流程，而动态能力嵌入在流程中，通过改变企业当前的流程可以建立新的战略路径和资源位势，如图 2.2 所示。艾森哈特和马丁（Eisenhardt & Martin，2000）则把动态能力和流程同等看待，通过在流程中改变其资源配置可以形成新的战略路径和资源位势，如图 2.3 所示。由此可见，高阶能力观和流程能力观都认可动态能力对组织资源位势和战略路径的改造，主要分歧在于动态能力和流程之间的关系。

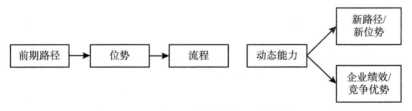

图 2.2　高阶能力观的动态能力模型

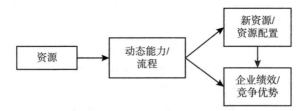

图 2.3　流程能力观的动态能力模型

艾森哈特和马丁（Eisenhardt & Martin，2000）与扎赫拉、萨皮恩扎和戴维森（Zahra，Sapienza & Davidsson，2006）等学者，认为企业不能简单地通过动态能力获得竞争优势，而必须利用动态能力调整企业的资源或改变企业的运营能力来间接地形成竞争优势。例如，巴甫洛夫和埃尔萨维（Pavlou & El Sawy，2011）研究发现，动态能力可以通过塑造企业的运营能力而影响其产品开发绩效；斯塔德勒、赫尔法特和维罗纳（Stadler，Helfat & Verona，2013）研究发现，动态能力可以通过促进企业的资源获取和资源开发进而获取竞争优势；威尔顿和古德甘（Wilden & Gudergan，2015）发现动态能力可以通过促进企业的技术能力和营销能力进而影响企业绩效；威廉、施洛默和毛雷尔（Wilhelm，Schlömer & Maurer，2015）则进一步发现了动态能力对其运营能力的效率和效用都有促进作用，从而提高了企业绩效。

实际上，高阶能力观和流程能力观并不矛盾：从本质上说，动态能力是塑造企业常规能力的高阶能力，但它同时也嵌入在企业的各种流程之中，也只有在各种企业流程中才能发挥作用。由于把动态能力定义为高阶能力过于抽象，不利于理论辨析和实践应用，越来越多的研究选择把动态能力视为完成具体组织流程的能力。虽然，有学者指出完成具体组织流程的能力只是动态能力的具体表现，不能替代动态能力（冯军政和魏江，2011）；但是，从动态能力在具体组织流程中的表现来研究动态能力在理论上也很有意义，在操作化方面也更简便和准确，还能对管理实践形成有效的指导。因此，本研究综合蒂斯、皮萨诺和苏安（Teece，Pisano & Shuen，1997）、温特（Winter，2003）、艾森哈特和马丁（Eisenhardt & Martin，2000）等研究的观点，把企业流程中的动态能力视为高阶能力在具体的企业流程中的表现，并把动态能力定义为"企业在具体的组织流程中改变组织惯例的能力"。

2.3.2 动态能力的维度

现有研究中，基于对动态能力内涵的不同见解，对动态能力的维度也有不同的划分，在丰富了理论的同时也使得理论解读和比较变得困难。通过广泛的文献回顾发现，主要有高阶能力和流程能力两种视角，可汇总如表 2.5 所示。

表 2.5 动态能力的维度归纳

类型	维度	文献
高阶能力观	适应能力、整合能力、重构能力	Teece & Pisano，1994
	整合能力、重构能力、建构能力	Teece，Pisano & Shuen，1997
	整合能力、重构能力、获取能力、释放能力	Eisenhardt & Martin，2000
	感知能力、攫取能力、转化能力	Teece，2007
	搜寻能力、选择能力、配置能力	Helfat，2007
	吸收能力、适应能力、创新能力	Wang & Ahmed，2007
	对知识的创造能力、整合能力、重构能力	Prieto，Revilla & Rodríguez – Prado，2009
	感知能力、学习能力、协调能力、整合能力	Pavlou & El Sawy，2011
	吸收能力、转化能力	Wang，Senaratne & Rafiq，2015
	重构能力（重新配置、利用和学习） 革新能力（感知和捕捉能力、知识创造能力、知识整合能力）	Makkonen et al.，2014
	感知能力、学习能力和重构能力	Wilhelm，Schlomer & Maurer，2015
	学习能力、整合能力、重构能力、联盟能力	龙思颖，2016

续表

类型	维度	文献
流程能力观	产品创新能力、流程创新能力	Helfat, 1997
	产品开发能力、结盟能力、战略决策能力	Eisenhardt & Martin, 2000
	营销能力、研发能力	Danneels, 2008
	利用资源、创造资源、获取资源、释放资源	Danneels, 2011
	开发新产品或服务、创新业务流程、建立新的客户关系、改变商业模式的能力	Drnevich & Kriauciunas, 2011
	环境洞察能力、变革更新能力、技术柔性能力、组织柔性能力	焦豪、魏江和崔瑜，2008
	战略隔绝能力、环境适应能力、变革能力、整合资源能力、学习能力	董保宝和李白杨，2014
	战略感知能力、及时决策能力、变革执行能力	Li & Liu, 2014
	环境适应能力、资源整合能力、学习能力	马鸿佳、董保宝和葛宝山，2014
	机会识别能力和机会利用能力	吴航和陈劲，2015
	创新能力、环境扫描与感知能力、整合能力	Helfat & Raubitschek, 2018

资料来源：根据宝贡敏和龙思颖（2015）、冯军政和魏江（2011）以及相关文献补充整理。

（1）高阶能力观。从表2.5可以看到，现有研究中，遵从高阶能力观的动态能力研究中，涌现了十几种不同的维度，在不同研究中各有侧重又彼此交叉重合，存在较大的混乱。深入对比分析发现，这些维度主要可以分为两类：第一类主要涉及重新配置和利用企业的资源、技术和知识等从而实现企业的转变，包括适应能力、整合能力、重构能力、释放能力、转化能力、配置能力和协调能力等，可以统一为重构能力；第二类主要涉及获取、创造和整合资源、技术和知识等从而实现企业的转变，包括建构能力、感知能力、攫取能力、搜寻能力、选择能力、吸收能力、创新能力、学习能力和联盟能力等，可以统一为建构能力。把动态能力凝练为重构能力和建构能力两类，既抓住了动态能力的主要类型特征，又简化了动态能力的维度，可以整合现有的动态能力的研究。

（2）流程能力观。从表2.5可以看到，现有研究中流程能力视角的动态能力涉及了很多不同的企业流程，深入对比分析发现，这些研究主要关注了三种企业流程：首先，是风险应对流程，包括环境洞察能力、变革更新能力、变革执行能力、战略隔绝能力、环境适应能力、战略感知能力、及时决策能力、机会识别能力、机会利用能力和改变商业模式的能力等；其次，是资源管理流程，包括资源利用能力、资源创造能力、资源获取能力、资源释放能力、资源整合能力、组织柔性能力等；再次，是技术创新流程，包括技术柔性能力、研发能力、学习能力、产品创新能力、流程创新能力等；最后，还有部分研究关注了其他的企业流程，包括结盟能力、营销能力、建立新的客户关系的能力等。

　　本研究不可能也无意于研究所有的企业流程，结合资源冗余的影响这一研究主题，本研究选择聚焦于企业的资源管理、风险应对和技术创新这三个流程。企业的高阶能力在这三个流程中都可能发挥作用进而改变企业的资源位势和战略路径，进而促进企业绩效，如图 2.4 所示。在每个企业流程中，根据发挥主导作用的高阶能力不同，又可以进一步划分两种不同类型的动态能力，如表 2.6 所示。资源动态能力是高阶的动态能力在资源管理流程中的体现，其中，重构能力体现为资源调整能力，建构能力则体现为资源获取能力；风险动态能力是高阶的动态能力在风险应对流程中的体现，其中，重构能力体现为风险承担能力，建构能力则体现为风险恢复能力；技术动态能力是高阶的动态能力在技术创新流程中的体现，其中，重构能力体现为产品创新能力，建构能力则体现为流程创新能力。各种动态能力的具体内涵和理论评述详见后续章节。研究这些具体的、可辨认的能力，可以回避高阶能力过于抽象不利于理论分析和实践应用的问题，也可以消除流程能力纷繁复杂、缺乏体系性的问题。

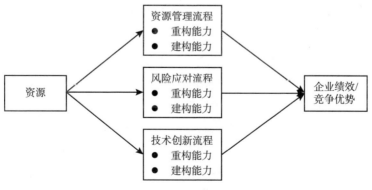

图 2.4　本研究的动态能力模型

表 2. 6   本研究动态能力的类型

分类		流程能力		
		资源动态能力	风险动态能力	技术动态能力
高阶能力	重构能力	资源调整能力	风险承担能力	产品创新能力
	建构能力	资源获取能力	风险恢复能力	流程创新能力

2.3.3 资源动态能力的前因和作用

企业要应对环境的变化，就需要及时调整其现有资源并获取新的资源以支撑其战略调整。蒂斯、皮萨诺和苏安（Teece, Pisano & Shuen, 1997）就指出了企业的动态能力在于建构、整合和重构其内部资源；赫尔法特、芬克尔斯坦和米切尔（Helfat, Finkelstein & Mitchell, 2007）指出动态能力在于有目的地构建、调整和拓展其资源组合；蒂斯和奥吉尔（Teece & Augier, 2009）指出动态能力就是塑造和重新塑造、配置和重新配置资源的能力；万布克（Vanpoucke, 2014）指出动态能力在于整合、重组、获得和释放资源以匹配市场的变化；扎赫拉、莱特和阿卜杜勒贾瓦德（Zahra, Wright & Abdel-gawad, 2014）指出动态能力在于调整企业资源和流程使之与战略决策相适应。虽然这些研究之间存在很多差异，但无一例外地都强调了动态能力在资源管理流程中的重要作用。

现有研究讨论了资源动态能力的许多不同维度，包括资源获取能力、资源创造能力、资源利用能力、资源释放能力、资源整合能力和资源重构能力等（Danneels, 2011; Eisenhardt & Martin, 2000; Prieto, Revilla & Rodríguez-Prado, 2009; Wiklund & Shepherd, 2005），这些不同的维度之间既存在一定的逻辑关联，又有着比较多的交叉重叠，需要进一步梳理和简化。根据资源管理流程背后发挥主导作用的高阶能力，本研究把企业资源管理流程中的动态能力划分为资源调整能力和资源获取能力：资源调整能力是企业重新分配内部资源的能力；资源获取能力是企业获取新的资源的能力（Brush, Greene & Hart, 2001; Danneels, 2011; Teece, Pisano & Shuen, 1997）。

调整现有资源和获取新资源是动态能力研究中最核心的问题之一，对企业资源动态能力的现有研究也比较丰富，下面将对其前因、作用以及权变因素进行简单归纳。

2.3.3.1 资源动态能力的前因

（1）组织资源。资源基础是企业动态能力的重要来源，大多数研究中对动态能力的分析都围绕着对资源获取、调整、重构、释放和利用展开（Helfat & Peteraf，2009；Teece，Pisano & Shuen，1997；Zahra，Sapienza & Davidson，2006）。有价值的、稀缺的、难以模仿的和难以替代的资源可以帮助形成企业的核心能力、建立企业的竞争优势，有利于企业获取新的普通资源（Barney，1991；Peteraf，1993；Wernerfelt，1984）；然而，这样的资源的调整难度也更大，在调整过程中因为触及各方利益往往也会遭遇更大的阻力，从而降低企业资源调整能力（Leonard-Barton，1992；Teece，Pisano & Shuen，1997）。大量研究表明，企业有价值的、稀缺的、难以模仿的和难以替代的资源对企业获取、调整、重构、释放、利用资源的能力有着重大影响（Battisti & Deakins，2017；Bowman & Ambrosini，2003；Wu，2006，2007；Zhang & Wu，2017）。但是，这些研究往往关注的是企业资源的存量，而没有更深入地关注其资源冗余可能为企业变革提供更多的灵活性。

（2）社会资本。企业获取资源的过程中，必然与外部社会网络进行互动，而调整资源的过程中，又必然涉及内部社会网络的协调。例如，安德和赫尔法特（Ander & Helfat，2003）研究发现，社会资本是影响企业资源动态能力的重要因素；布莱勒和科夫（Blyler & Coff，2003）研究发现，企业内部社会资本可以促进信息共享和创新，而外部社会资本可以促进企业获取资源、整合资源、释放资源；克雷勃和斯图亚特（Kleinbaum & Stuart，2014b）研究发现，企业内部社会资本会影响动态能力的协调和适应这两个维度。

（3）组织文化。注重公平和集体主义的组织文化可以促进企业的资源调整能力，开放、乐于参与竞争的组织文化可以促进企业的资源获取能力。比如，张莉莉和刘延平（2007）发现，特定的组织文化可以促进组织过程的协调、整合和重构，因而在组织动态能力形成的过程发挥着重要作用。

2.3.3.2 资源动态能力的作用

（1）创新绩效。大量研究认为，企业资源动态能力对企业的创新绩效有着积极影响（Lawson & Samson，2001；Marsh & Stock，2003）。例如，佐罗和温特（Zollo & Winter，2002）研究发现动态能力使企业能够整合其资源重构其能力进而形成新的能力，对企业创新有重要影响。

（2）财务绩效。一方面，通过重构企业的资源改变其运营能力可以形成更有竞争力的产品和服务，因而可以帮助企业获得高于行业平均的利润，对企业财务绩效具有促进作用（Griffith & Harvey，2006；Girod & Whittington，2017；Lin & Wu，2014）；另一方面，进行资源管理需要一定的成本，如果过度迷恋资源调整和资源获取而忽略了企业运营的稳定性和规律性，则反而可能会对企业财务绩效产生负面作用（Zahra，Sapienza & Davidsson，2006；Winter，2003）。比如，格里菲斯和哈维（Griffith & Harvey，2006）研究发现资源重构能力提高了组织柔性，减少了企业资源的沉没成本，从而提高了企业的财务绩效；蒂斯（Teece，2012）研究发现资源动态能力可以促进企业战略柔性，而适当的战略变化速度正向影响公司的财务绩效，但过快的战略变化速度又会降低其财务绩效。

（3）成长绩效。资源动态能力通过帮助企业及时有效应对环境的变化，调整资源开发新产品进入新市场，对企业的持续成长有重要影响（Vivas & López，2005）。例如，马克宁等（Makkonen et al.，2014）研究发现动态能力有利于提高企业新产品销售占总销售额的比例；龙思颖（2016）研究发现整合能力和重构能力对企业成长绩效都有正向影响。

2.3.3.3　资源动态能力的作用的权变因素

不同研究中资源动态能力与企业绩效的关系存在许多分歧，这些分歧可能是受到了不同情境因素的影响。在现有研究中，学者们主要讨论了环境动态性在这些关系中的调节作用。对环境动态性存在何种调节作用也存在很大分歧，主要有三种观点：其一，环境动态性越高，资源动态能力对企业绩效的促进作用越大（Teece，Pisano & Shuen，1997；Rindova & Kotha，2001；Zollo & Winter，2002）；其二，无论环境动态性是高是低，资源动态能力都可以优化企业的资源提高企业绩效（Eisenhardt & Martin，2000；Teece，2012）；其三，在适当动态的环境中，资源动态能力可以促进企业绩效，但是过于动态的环境会使得企业在调整自身资源和运营能力中疲于奔命，反而会削弱动态能力对企业绩效的影响，环境动态性有倒 U 形的调节作用（Schilke，2014）。

2.3.4　风险动态能力的前因和作用

环境的变化可能会改变企业现有资源和能力的价值，给企业发展带来风险；企业自身也可能做出各种错误决策或在长期的发展流程中积累大量矛盾，给企业发展造成危机。蒂斯和皮萨诺（Teece & Pisano，1994）指出企业的适应能力是其动态能力的重要组成部分；蒂斯（Teece，2007）研究发现感知能力对企业及时发现风险从而进行防范具有重要作用；焦豪、魏江和崔瑜（2008）研究发现环境洞察能力和变革更新能力对企业及时根据环境变化调整其发展战略有重要作用；李和刘（Li & Liu，2014）研究发现战略感知能力、及时决策能力和变革执行能力可以帮助企业应对环境变化的风险；吴航和陈劲（2015）研究发现机会识别能力和机会利用能力对企业紧跟时代潮流保持竞争优势至关重要。这些研究认识到了动态能力在企业应对风险过程中的作用，然而它们主要是从企业提前发现风险并提前行动的角度进行分析，而较少关注到企业真正遭受风险时和风险过后的行动和应对能力。

企业风险往往难以通过提前行动而完全规避，更多的时候企业需要直面风险，努力在风险中存活继而谋求发展。因此，企业的风险动态能力对企业绩效也有重要影响。本研究把企业在风险应对流程中的动态能力划分为风险承担能力和风险恢复能力：风险承担能力是企业经受风险所带来的损失而不影响正常运营的能力；风险恢复能力是企业在风险中吸取教训获得发展的能力（Morrow，2007；Nocco & Stulz，2006；Stulz，1996）。

现有研究主要集中在企业的风险承担倾向，关注的是企业是否乐于承担风险（Cho et al.，2016；Hoskisson et al.，2017），另有部分研究关注了管理者个人的风险感知、风险态度以及风险行为（Cain & McKeon，2016；Faccio，Marchica & Mura，2016），对企业的风险动态能力的关注较少。但是，对这些相关研究进行回顾，也可以为理解企业风险动态能力提供一定的参考。

2.3.4.1　风险动态能力的前因

（1）组织资源。组织资源是企业正常运营的基础，也是企业应对风险的主要保障。企业资源的数量，特别是资源的冗余情况，对企业应对风险有重要影响。比如，拥有较多资源冗余的企业在面临风险时可以把冗余资源用于各种场景，或为企业换取其他必需资源（Huang & Chen，2010；Greve，2007），又或者通过削减管理费用、降低员工薪酬、变卖闲置设备等方式节流（Combs et al.，2011；Singh，1986），有益于维持企业的正常运行从而有效应对风险。

（2）社会资本。社会资本可以在企业面临风险时为其获取外部资源支持，企业社会资本越多，所能求助的资源也就越多，可以在一定程度上补充企业内部资源的不足，避免企业因为资源短缺而倒闭，其应对风险的能力也就越强（Cui & O'Connor，2012；Jiang，Tao & Santoro，2010；Thomaz & Swaminathan，2001）。

（3）组织认知。部分研究认为信息搜索、风险感知和机会识别等因素是动态能力的一个维度（Teece，2007），亦有学者指出这些过程是动态能力的微观基础而不是动态能力本身（Ambrosini & Bowman，2009；Danneels，2011）。例如，富尔（Fur，2010）研究发现，组织的认知柔性和认知复杂性可以提高企业的适应能力；霍奇金森和希利（Hodgkinson & Healey，2011）研究发现，企业高层管理者的认知能力、认知风格等对风险动态能力的形成有重要影响；龙思颖（2016）识别了企业的注意力动态、警觉度、信息连接、机会认知倾向、威胁认知倾向这五个组织认知因素，并通过实证研究发现了它们对企业动态能力的促进作用。

2.3.4.2 风险动态能力的作用

（1）风险承担行为。较强的风险动态能力可以促进企业的风险承担行为（MacKay & Moeller，2007；March & Shapira，1987）。风险承担行为往往伴随着高风险和高收益，较强的风险承担能力使企业更敢于采取风险承担行为以谋求高收益，较强的风险恢复能力也使得企业能够并乐于从失败中学习，而不是瞻前顾后裹足不前。

（2）创新活动。创新活动是风险承担行为的主要形式，较强的风险动态能力可以促进企业的创新活动。在面临风险时，较强的风险承担能力可以保持企业存活并保留发展的机会（Ettlie & Pavlou，2006；Kindström，Kowalkowski & Sandberg，2013）；在遭遇风险后，及时反思错误、识别市场、技术等的变化进而快速跟进，对企业抓住创新机会谋求发展也有重要作用（Lisboa，Skarmeas & Lages，2011；吴航和陈劲，2014）。

（3）企业绩效。风险动态能力对企业财务绩效和成长绩效都有促进作用。首先，较强的风险承担能力可以使企业即使在风险状态下也能保持正常运行，维持营业收入，有利于保持良好的财务状况（Arena，Arnaboldi & Azzone，2010）；其次，风险承担能力较弱的企业很可能在风险中死亡，存活下来的企业就能比其他竞争对手更好地成长（Gordon，Loeb & Tseng，2009；McShane，Nair & Rustambekov，2011；Olson & Wu，2015）；再次，风险也可能成为企业变革的加速器，通过从风险中吸取教训，找到新的发展方向可以推动企业的跨越式发展（Lieberman & Montgomery，1988；Luo & Peng，1998；Morrow，2007）。

2.3.5　技术动态能力的前因和作用

企业产品和服务需要不断推陈出新，生产技术也要不断创新以降低生产成本或改进产品和服务的质量。现有研究中，通常把创新能力和动态能力视为不同领域的概念；然而，这两者间亦有着非常紧密的联系。蒂斯、皮萨诺和苏安（Teece，Pisano & Shuen，1997）指出动态能力的概念是建立在熊彼特的破坏性创新理念上的。布莱斯尼克和赫里斯（Breznik & Hisrich，2014）总结了创新能力和动态能力的五个共同点，包括学习的中心地位、战略导向、企业间异质、管理者作用和企业发展的本质；同时还归纳了现有研究对二者之间关系的六种视角：创新能力是动态能力的一种（Helfat et al，2007）、创新能力是动态能力的前因（Eisenhardt & Martin，2000）、创新能力是动态能力的组成元素（Wang & Ahmed，2007）、创新能力是动态能力的结果（Rothaermel & Hess，2007）、创新能力不是动态能力（Tidd & Bessant，2009）和创新能力是动态能力的同义词（Zott，2003）。深入比较这六种视角的相关论述，本研究认为创新能力是动态能力的一种，同时可能受到其他类型动态能力的影响（Helfat et al，2007；Rothaermel & Hess，2007）。

企业创新包括技术创新和管理创新两大类，技术创新包括产品创新和流程创新，而管理创新主要是组织结构和管理流程方面的创新（Freeman，1997；Madrid-Guijarro，Garcia & Van Auken，2009）。根据技术创新的幅度，还可以进一步把创新分为渐进性创新和突破性创新（De Brentani，2001；Engen & Holen，2014）；按照创新所面对的是否是新市场，还可以分为利用式创新和探索式创新（Benner & Tushman，2002；Danneels，2002；McGrath，2001）。在动态能力的相关研究中，对创新能力的关注主要是产品创新能力和流程创新能力两类（Drnevich & kriauciunas，2011；Helfat，1997），本研究也采取的是这样的维度划分。产品创新能力是企业开发更好的或全新的产品或服务以满足市场需求的能力；流程创新能力是企业改进流程工艺以提升生产效率或产品质量的能力（Tasi et al.，2001；Liao，Fei & Chen，2007）。

2.3.5.1 技术动态能力的前因

（1）组织学习。组织学习是改变组织惯例的重要途径，而在学习的过程中，变异和选择是形成创新的关键。艾森哈特和马丁（Eisenhardt & Martin，2000）指出，企业通过不断的实践和试错，可以总结经验从而形成创新能力；卡兰托尼、卡夫斯鸠和赵（Calantone，Cavusgil & Zhao，2002）研究发现，企业的学习导向可以提高其创新能力；扎赫拉、萨皮恩扎和戴维森（Zahra，Sapienza & Davidsson，2006）研究发现，试错、即兴发挥和模仿等学习方式对创新有重要影响；许长青等（2008）发现，在高科技企业中，组织学习可以促进其创新能力进而提高企业绩效；王和丘格（Wang & Chugh，2014）研究发现，探索性学习对提高企业的创新能力至关重要，而单一的开发性学习则可能抑制创新能力的发展。

（2）知识共享。知识共享可以提高企业的技术动态能力。例如，达洛克（Darroc，2005）和塞佩达和薇拉（Cepeda & Vera，2007）等研究发现，企业的知识管理是进行创新的基础；林（Lin，2007）研究发现，企业的知识共享对其创新能力有重要促进作用；廖、费和陈（Liao，Fei & Chen，2007）研究发现，知识共享可以促进企业的吸收能力进而提升其技术动态能力。

（3）社会资本。从企业社会网络中获取信息、技术、知识等资源可以极大地提高企业的技术动态能力。例如，斯文克（Swink，2006）研究发现，通过与其他企业合作进行协同创新，可以提高企业的创新能力；弗莱斯哈玛（Frishammar，2012）和孔蒂斯拉克索、皮斯卡拉和克劳斯（Konsti-Laakso，Pihkala & Kraus，2012）等指出，社会网络可以为企业带来新信息、新技术和新知识，有益于企业的创新能力；林、陈和赵（Lin，Chen & Chiu，2010）和恩戈和奥卡斯（Ngo & O'Cass，2012）等研究发现，企业的客户关系管理可以提升其创新能力和创新产品的市场成果。

2.3.5.2 技术动态能力的作用

（1）财务绩效。技术动态能力可以提升企业的产品创新质量和市场成功概率，从而有利于其运营绩效和财务绩效（Coombs & Bierly，2006；Kosto-poulos et al.，2011；Wang & Wang，2012）。比如，通过对现有产品进行升级，可以保持和提高企业产品的竞争力，获得高于竞争对手的利润（Ar & Baki，2011；Lumpkin & Dess，2001）；通过开发全新的产品，可以为企业开拓新的利基市场，并在利基市场上获得超额利润（Alford & Duan，2018；Jansen et al.，2005）；通过改进流程工艺提升生产效率，可以降低企业的生产成本，带来更高的利润（Ettlie & Reza，1992；Marzi et al.，2017）；同时，更好的工艺也有助于改进产品质量，提高产品的吸引力，获得更高的利润（Vallejo & Arias-Pérez，2017）。

（2）成长绩效。技术动态能力可以促进企业的成长绩效。比如，通过产品创新，可以帮助企业获得产品优势，获得更大的市场份额，有助于企业成长（Yang，2012）；通过流程创新，可以帮助企业降低生产成本，获得更高利润的同时也给企业扩大经营提供了更多资源（Marzi et al.，2017）；通过流程创新，还可以为企业积累技术和知识，有利于企业开发全新产品开拓新的市场（Lisboa，Skarmeas & Lages，2011；Macher & Mowery，2009）。

2.3.5.3 技术动态能力作用的权变因素

大多数研究认为技术动态能力可以促进企业绩效，但也有少部分研究认为企业的技术动态能力并不总能促进其绩效，技术动态能力与企业绩效之间的关系受到许多情境因素的影响。例如，许多研究认为，环境动态性越高技术动态能力对企业绩效的作用越大。高度动态的环境中，消费者偏好变化更快，行业竞争压力也更大，企业只有不断地进行创新才能保持产品和服务的吸引力（Zahra & Bogner，2000；Zahra，1996）；同时，创新的难度也更大，对企业创新能力的要求也更高，与之相对应的是，创新成功的超额利润也就越大（Jansen et al.，2005；Jansen，Vera & Crossan，2009；Sorensen & Stuart，2000）。此外，宋、迪贝内德托和内森（Song，Di Benedetto & Nason，2007）研究发现，企业的技术动态能力与企业绩效之间的关系受到其战略类型的影响，越是竞争导向的企业战略，技术动态能力对企业绩效的作用越大；

罗森布斯、布林克曼和鲍施（Rosenbusch，Brinckmann & Bausch，2011）研究发现，企业的技术动态能力与企业绩效之间的关系受到企业生命周期、创新类型和文化等情境因素的影响。

2.4 本研究拟解决的问题

前文分别就资源冗余和动态能力的相关研究进行了全面的文献回顾和梳理，明确了现有研究的进展和不足，下面将对这两方面的内容进行整合分析，沟通二者之间的联结，并提出本研究拟解决的问题。

（1）对资源冗余和动态能力等概念的内涵和维度进行完善。现有研究中对资源冗余的讨论往往局限在企业内部，忽略了企业的外部资源冗余，在前文的论述中，本研究把企业社会网络冗余纳入资源冗余的范畴，并对其内涵和维度进行了细致论述；现有研究中对动态能力的定义和维度仍然存在一定的分歧和混乱，在前文的论述中，本研究在广泛对比分析现有研究的基础上，沟通动态能力的高阶能力观和流程能力观，完善了动态能力的内涵，并对企业资源管理流程、风险应对流程和技术创新流程中的动态能力进行了讨论。

（2）探索不同类型动态能力之间的关系。不同类型的动态能力不是相互孤立的，彼此间可能存在着复杂的相互影响。本研究将尝试对不同类型的动态能力之间的关系进行探索，进一步深化动态能力的相关理论。

（3）探索资源冗余与企业动态能力之间的关系。现有研究关注的往往是企业现有资源的各种特性对动态能力的影响，却没有关注到企业的资源冗余对其动态能力的潜在作用。资源冗余可以提高企业的战略灵活性，因而可能对其动态能力有促进作用。此外，不同类型的资源冗余对动态能力的不同作用也很值得深入探讨。

（4）探索资源冗余、动态能力与企业绩效之间的作用机制。现有研究对资源冗余与企业绩效之间关系、动态能力与企业绩效之间关系已有较多的阐述，在探索了资源冗余对动态能力的影响后，可以建立"资源冗余—动态能力—企业绩效"的逻辑链条，探索动态能力在资源冗余与企业绩效之间的中介作用。同时，现有研究对资源冗余和动态能力对企业绩效的影响仍然存在一定争议，本研究将在清晰界定资源冗余和动态能力的内涵和维度后，对比分析其对企业财务绩效和成长绩效的不同影响。

（5）探索环境动态性在资源冗余、动态能力与企业绩效之间关系的影响。现有研究对环境动态性在资源冗余与企业绩效之间关系的调节作用、环境动态性在动态能力与企业绩效之间关系的调节作用的认识都存在一定分歧，本研究将致力于分析环境动态性在"动态能力—企业绩效"关系上的调节作用。

2.5　本　章　小　结

本章梳理了本研究的理论逻辑和文献回顾的思路，然后对资源冗余和动态能力的现有研究进行了广泛而系统的梳理，对现有研究中的进展和不足进行了评述，并在此基础上提出了本研究拟解决的问题。

| 第3章 |

理论拓展与研究假设

在上一章文献梳理的基础上，本章将针对拟解决的问题进行理论拓展。首先，对本研究的核心概念进行精确定义和维度划分；然后，针对研究内容划分三个子研究并介绍它们之间的内在联系，形成研究思路；最后，依次对"资源动态能力、风险动态能力与技术动态能力之间的关系""资源冗余、风险动态能力与企业绩效之间的关系""资源冗余、技术动态能力与企业绩效之间的关系"这三个子研究进行理论推演，提出各自的研究假设并建立相应的理论模型。

3.1 核心概念定义

对概念进行精确定义是进行科学研究的基本前提（Vinner，1983）。不清晰的概念可能使后续的研究内容偏离主旨，研究结论也就会不准确。由于研究视角的不同，不同研究间的概念定义存在着或多或少的差异；本节将对不同研究中的概念定义进行对比分析，进而结合本研究的目的进行精确界定，以避免概念内涵差异或不同命名方式导致的误解等问题，并为概念的操作化测量提供理论基础。

3.1.1 资源冗余

在上一章文献回顾的基础上，本研究遵循马奇和西蒙（March & Simon，1958）、西尔特和马奇（Cyert & March，1963）的观点，引入外部网络冗余，把资源冗余定义为"企业拥有的超过维持当前生产水平所必需的内部资源或外部网络"。

遵循沙夫曼等（Sharfman et al.，1988）的观点，本研究根据资源冗余的灵活性，把内部资源冗余划分为低流动性冗余和高流动性冗余两类：低流动性冗余是在企业内部面向特定主题形成的、应用范围较小、经过合理转化可以重新为企业所用的资源，例如，偏高的管理费用、超过行业平均的员工薪酬、加工中的半成品和闲置的生产设备等；高流动性冗余则是在企业内部留存的、应用范围较大、可以给管理者较多选择的资源，例如，现金和现金等价物等。

借鉴达斯和邓（Das & Teng，2000）的观点，本研究根据外部网络所能提供的资源与企业现有资源的相似性，把外部网络冗余划分为替代网络冗余和互补网络冗余两类。替代网络冗余是未被充分利用的、与企业现有资源相似的社会网络，例如，富余的销售渠道、承包商的生产能力、供应商的供应能力等；互补网络冗余是未被充分利用的、与企业现有资源不相似的社会网络，例如，关系良好的、没有特定合作项目的科研院校和各种企业联盟等。

3.1.2 动态能力

在上一章文献回顾的基础上，本研究综合蒂斯、皮萨诺和苏安（Teece，Pisano & Shuen，1997）、温特（Winter，2003）、艾森哈特和马丁（Eisenhardt & Martin，2000）的观点，把动态能力定义为"企业在具体的组织流程中改变组织惯例的能力"。聚焦于企业的资源管理流程、风险应对流程和技术创新流程，根据各个流程背后发挥主导作用的高阶能力，进一步划分了每种能力的具体维度。

本研究把企业在资源管理流程中的动态能力划分为资源调整能力和资源

获取能力：资源调整能力是企业重新分配内部资源的能力；资源获取能力是企业获取新的资源的能力（Brush，Greene & Hart，2001；Danneels，2011；Teece，Pisano & Shuen，1997）。

本研究把企业在风险应对流程中的动态能力划分为风险承担能力和风险恢复能力：风险承担能力是企业经受风险所带来的损失而不影响正常运营的能力；风险恢复能力是企业在风险中吸取教训获得发展的能力（Morrow，2007；Nocco & Stulz，2006；Stulz，1996）。

本研究把企业在技术创新流程中的动态能力划分为产品创新能力和流程创新能力：产品创新能力是企业开发更好的或全新的产品或服务以满足市场需求的能力；流程创新能力是企业改进流程工艺以提升生产效率或产品质量的能力（Tasi et al.，2001；Liao，Fei & Chen，2007）。

3.1.3　企业绩效

企业绩效的提升是管理实践的终极目标，也是管理学研究中最重要的因变量之一。企业绩效是对企业运营有效性的评估，既可以是对已实现的成果的评估，也可以是对未来取得成果的潜力的评估（Sloma，1980；Tseng & Lee，2014）。企业绩效是一个复杂的概念，不同研究中对企业绩效的内涵和测量往往具有很大差异。例如，马奇和萨顿（March & Sutton，1997）采用利润、销售额、市场份额、生产率、负债率和股票价格等指标综合衡量企业绩效；又如，林和陈（Lin & Chen，2007）仅使用企业销售额来衡量企业绩效。

良好的财务绩效是企业生存和发展的前提，而企业成长不仅有利于企业自身，也会促进全行业和国民经济的发展（Leitch，Hill & Neergaard，2010；Shepherd & Wiklund，2009）。企业要存活并实现可持续发展，就必须兼顾当前的财务绩效和长期的成长绩效（Koellinger，2008；陈寿雨，2014；黄海艳、武蓓，2016）。财务绩效是企业在达成财务目标方面的表现，包括资产回报率、净资产回报率、销售利润率等内容（Orlitzky，Schmidt & Rynes，2003）；成长绩效则是企业在成长性方面的表现，包括营业收入增长率、员工数量增长率、市场占有率的增长率和利润增长率等内容（Li & Liu，2014；龙思颖，2016）。

3.1.4 环境动态性

为了研究外部环境对管理实践的影响，学者们对各种各样的环境特性进行了深入探索，包括环境动态性、复杂性、敌对性等（Child，1972；McArthur & Nystrom，1991；Miles，Snow & Pfeffer，1974）。马奇和西蒙（March & Simon，1958）最早提出了环境动态性的概念，分析了环境的变化快慢对企业绩效的影响。弥勒和弗里森（Miller & Friesen，1983）把环境动态性定义为特定行业在消费者偏好、产品或服务技术以及竞争模式等方面的变化幅度和不可预测性，得到了大量学者的认可和应用（Adomako & Danso，2014；Girod & Whittington，2017；McKelvie，Wiklund & Brattström，2018）。环境变化的幅度包括变化的大小和比例，不可预测性则是指变化方向的不确定性（Drnevich & Kriauciunas，2011；Jansen et al.，2006；Sirmon，Hitt & Ireland，2007）。

在大多数研究中，环境动态性都被当作一个单一维度的概念，综合研究环境在消费者偏好、产品或服务技术以及竞争模式等方面的动态性的影响（Helfat & Winter，2011；Girod & Whittington，2017；Schilke，2014）。虽然在部分研究中，环境动态性被进一步划分为多个维度，例如，威尔顿和古德甘（Wilden & Gudergan，2015）具体分析了技术动态性、市场动态性和竞争动态性的影响；然而，实证分析中并没有发现不同维度间的影响存在太大的差异（龙思颖，2016）。因此，本研究将把环境动态性视为单一维度的概念。

3.2 整体研究思路

本研究旨在探索企业资源冗余、动态能力与其绩效之间的关系，同时把环境动态性的影响纳入考虑。由于所涉及的变量和维度较多，彼此之间可能存在复杂的相互影响，为了理论分析上的简明性和数据分析上的可行性，本研究将分为三个子研究进行。三个子研究从不同的侧面层层递进地对企业资源冗余、动态能力与其绩效之间的关系进行剖析，它们之间的关系和本研究的整体研究思路如图3.1所示。

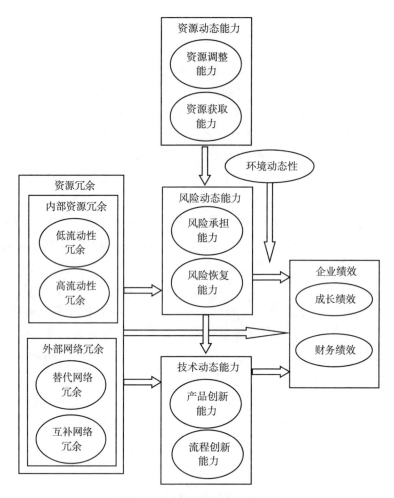

图 3.1　本研究的整体研究思路

　　研究一，将致力于探索资源动态能力、风险动态能力与技术动态能力之间的关系。本研究识别了在企业资源管理流程、风险应对流程和技术创新流程中的动态能力，这些不同类型的动态能力不是互相孤立的，而是互相影响的，共同促进了企业的变革、支撑着企业的竞争优势。但是，它们之间存在怎样的关系却仍然缺少深入讨论和整合。研究沿着"资源动态能力—风险动态能力—技术动态能力"的逻辑链条展开，通过探索不同流程中动态能力之间的关系，可以整合动态能力的相关理论，也可以为后文分析它们与资源冗余和企业绩效的关系提供参考。

　　研究二，将致力于探索资源冗余、风险动态能力与企业绩效之间的关系。由于不同类型的动态能力之间存在复杂的相互影响，如果同时分析它们与资源冗余和企业绩效的关系，将会使得模型过于复杂，难以厘清每个变量的具体影响。在研究一的基础上，研究二将沿着"资源冗余—风险动态能力—企业绩效"的逻辑链条展开，聚焦于分析资源冗余对风险动态能力的影响、风险动态能力对企业绩效的影响以及风险动态能力在资源冗余与企业绩效之间的中介作用。

　　研究三，将沿着"资源冗余—技术动态能力—企业绩效"的逻辑链条展开，聚焦于分析资源冗余对技术动态能力的影响、技术动态能力对企业绩效的影响以及技术动态能力在资源冗余与企业绩效之间的中介作用。

3.3　资源动态能力、风险动态能力与技术动态能力之间的关系分析

　　本研究在梳理动态能力现有研究的基础上，归纳了企业在资源管理、风险应对和技术创新三个不同流程中蕴含的动态能力。不同类型的动态能力不是彼此孤立的，而是存在着千丝万缕的联系，在企业应对环境变化的不同阶段中可能会有着因果关系。因此，本节将致力于探讨这三种类型的动态能力之间的关系，提出研究假设并构建相应的研究模型。

3.3.1　资源动态能力与风险动态能力的关系

　　企业资源的作用不仅取决于资源本身，更取决于资源的配置方式（Teece，1992）。马霍尼和潘迪安（Mahoney & Pandian，1992）指出，发掘潜在资源并应用于企业目标是企业能力的重要体现；蒂斯等（Teece et al.，1997）则指出，企业的资源配置必须与环境要求相匹配，并应随环境变化而变化。资源调整是企业重新配置其现有资源以支持战略变革的过程（Brush，Greene & Hart，2001）。企业的资源调整能力越高，就越能够及时地根据环境变化调整其资源配置以支持业务重心的转移，并且在资源调整的过程中保持各个利益

主体的有效沟通，避免利益冲突和互相掣肘（Helfat et al.，2007；Makadok，2001；Zahra，Wright & Abdelgawad，2014）。

企业运营可能面临来自市场、法律、政治、经济和科技等方面的外部威胁，也可能遭受来自企业战略、财务、运营和人事等方面的内部危机，导致企业的产品竞争力削弱、市场需求下降、存货积压、流动资金紧张等严重问题（Anand，2015；Galloway & Funston，2000；Moeller，2007）。如果不能有效应对，这些问题往往会破坏企业的正常运营，甚至导致企业破产。通过资源调整，把有限的资源用于最紧张的环节，可以缓冲风险所带来的冲击，维持企业的正常运营（Sanchez，1995；Vairaktarakis，2003）；同时，主动地放弃某些拯救无望的业务，把资源调整到其他效益较好的业务，可以在一定程度上降低风险的进一步破坏（Lin & Wu，2014；Tseng & Lee，2014）；此外，及时把资源从旧项目中抽离用于新兴业务，还可能帮助企业抓住风险中蕴藏的机遇而实现新的发展（Dutz，2015；Gruber et al.，2010）。因此，资源调整能力越强的企业，其风险承担能力和风险恢复能力也越强。

假设1a：资源调整能力对风险承担能力有正向影响。

假设1b：资源调整能力对风险恢复能力有正向影响。

资源获取是在正确判断企业的资源需求的基础上，从企业外部获取所需资源并使之服务于企业目标的过程（Brush，Greene & Hart，2001）。企业的资源获取能力越高，就越能够更快地获得比竞争对手更多、更先进的信息、技术、资金、人才和渠道等资源（Vanpoucke，2014）。在企业遭受风险时，往往会面临资金短缺等资源压力，及时从外部获取资源支持可以补充企业内部资源的不足渡过难关（McShane，Nair & Rustambekov，2011；Olson & Wu，2015）。同时，企业的内部资源往往是基于先前业务惯例形成的，受到路径依赖等因素的制约，在环境变化时反而可能限制企业的行动（Deeds，De Carolis & Coombs，2000；Leonard-Barton，1992）。从企业外部获取新的信息、技术和人才等资源，不仅可以为企业带来新的战略方向，也为企业利用机会提供了有力的保障，帮助企业迅速从风险中恢复并获得新的发展（Morrow，2007；Schildt，Keil & Maula，2012；Teece，2012）。因此，资源获取能力越强的企业，其风险承担能力和风险恢复能力也越强。

假设2a：资源获取能力对风险承担能力有正向影响。

假设2b：资源获取能力对风险恢复能力有正向影响。

3.3.2 风险动态能力与技术动态能力的关系

创新活动往往面临着技术和市场上的双重风险（Voss, Sirdeshmukh & Voss, 2008）。一方面，创新项目本身具有一定的难度和复杂性，而企业研发团队在资源和能力上也有其局限性，因此创新项目可能会达不到预期的目标，研发投入得不到有效产出；另一方面，由于市场偏好的不确定性，新产品和新工艺可能会得不到市场的认可，创新成果不能转化为真实的市场成功（Bowers & Khorakian, 2014; Martinezros & Labeaga, 2009）。实际上，大多数的创新成果都是在大量的连续失败后才取得的（Ettlie & Pavlou, 2006; Martinezros & Labeaga, 2009）。企业在创新过程中必须时刻对可能遭遇的风险保持警惕，并通过洞察环境的变化采取必要的措施及时应对（Neill, McKee & Rose, 2007; Pandza & Thorpe, 2009; Sheng, 2017）。如果企业的风险承担能力较弱，企业很可能在创新项目取得成功之前就失败了。更重要的是，对创新失败的担忧会使得企业瞻前顾后而错失良机，也使得企业在经历数次失败后趋于保守而失去创新意识（Bromiley, 1991; Fritsch & Meschede, 2001）。较强的风险承担能力使企业更倾向于采取风险承担行为，更积极地开展创新活动（March & Shapira, 1987），而且使企业能够在多次失败的尝试后坚持投入，不断地积累经验和技术成果，为最终形成有竞争力的产品或工艺打下基础。因此，风险承担能力越强的企业，其产品创新能力和流程创新能力也越强。

假设 3a：风险承担能力对产品创新能力有正向影响。

假设 3b：风险承担能力对流程创新能力有正向影响。

企业创新总是不可避免地遭遇失败，从失败中总结经验有利于产品创新和流程创新的不断地完善和迭代（Greve, 2007; Jansen, Van den Bosch & Volberda, 2006）。一方面，风险恢复能力越强，企业就越能从失败中总结经验，发现风险中蕴藏的新机遇，形成正确的创新方向（Bowers, 2014; Morrow, 2007; Vogel & Güttel, 2013）；另一方面，如果企业一直不能恢复正常发展，也就难以提供足够的资源维持创新活动或开展新的创新活动（Chandy & Tellis, 2000; Yalcinkaya, Calantone & Griffith, 2007）。因此，风险恢复能力越强的企业，其产品创新能力和流程创新能力也越强。

假设4a：风险恢复能力对产品创新能力有正向影响。

假设4b：风险恢复能力对流程创新能力有正向影响。

3.3.3 假设汇总与模型构建

根据前文的理论分析和逻辑推理，可以建立起"资源动态能力—风险动态能力—技术动态能力"的逻辑链条，由于资源动态能力与技术动态能力之间的关系已经得到了一定的研究（Dutz，2015；Marsh，2003；Zhou et al.，2017），此处不再详述资源动态能力对技术动态能力的直接作用以及风险动态能力的中介作用，在研究结论部分再结合理论分析和假设检验结果对其进行归纳总结。综上所述，可以构建研究一的理论模型，如图3.2所示。

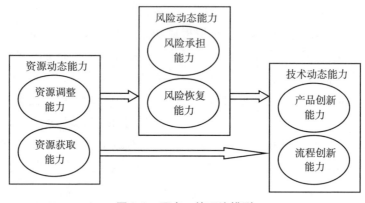

图3.2　研究一的理论模型

3.4　资源冗余、风险动态能力与企业绩效之间的关系分析

本节将对资源冗余、风险动态能力与企业绩效之间的关系进行理论拓展，同时分析环境动态性在风险动态能力与企业绩效之间关系的调节效应，提出研究假设并构建相应的研究模型。

3.4.1　资源冗余与风险动态能力的关系

低流动性冗余是面向特定主题形成的、灵活性较低的资源（Sharfman et al.，1988）。基于代理理论视角的部分研究认为，低流动性冗余是管理者为追求自身利益而形成的，增加了企业的成本（Mishina，Pollock & Porac，2004；Mod & Mishra，2011）。虽然有学者指出，拥有较多低流动性冗余的企业在面临风险时可以通过削减管理费用、降低员工薪酬、变卖闲置设备等方式节流，有益于维持企业的正常运行（Bourgeois & Singh，1983；Singh，1986）；但是，这些措施往往会损害员工的既得利益、引发工作不安全感并导致一定的抵触，重新发掘利用的难度比较大，发挥作用的周期也比较长，在企业面临风险时很难及时发挥积极的作用（Chen & Huang，2010；Cheng & Kesner，1997；Miller & Leiblein，1996）。此外，丰富的低流动性冗余还可能导致管理者自我满足（Danneels，2008；Kraatz & Zajac，2001），使企业对风险认识不足，降低了应对环境变化的主观能动性（Debruyne，Frambach & Moenaert，2010；Paeleman & Vanacker，2015）。因此，企业的低流动性冗余越多，其风险承担能力和风险恢复能力越弱。

假设 5a：低流动性冗余对风险承担能力有负向影响。

假设 5b：低流动性冗余对风险恢复能力有负向影响。

高流动性冗余是在企业内部留存的，应用范围较大，可以给管理者较多选择的资源（Sharfman et al.，1988）。高流动性冗余可以方便地调用于各种场景，或为企业换取其他必需资源，增加了企业资源的灵活性，使企业可以更从容地应对内部矛盾或外部环境变化带来的压力（Combs et al.，2011；Huang & Chen，2010；Greve，2007；Moses，1992）。这可以在一定程度上缓冲风险的破坏，保障企业的正常运行，因而可以提高企业的风险承担能力（Argilés-Bosch，Garcia-Blandon & Martinez-Blasco，2016；George，2005）。同时，较多的高流动性冗余使企业有余力加强与消费者的交流、企业的内部学习以及与外部组织的交流等，可以提高企业的风险恢复能力（Chen & Huang，2010；Huang & Li，2012）。此外，较多的高流动性冗余也给予了企业自由地尝试各种新项目的机会，有利于企业追逐新的机遇从而恢复发展（Miller & Leiblein，1996；Tan & Peng，2003）。因此，企业的高流动性冗余越多，其风险承担能力和风险恢复能力越强。

假设6a：高流动性冗余对风险承担能力有正向影响。

假设6b：高流动性冗余对风险恢复能力有正向影响。

现有研究对替代网络冗余与互补网络冗余的讨论还比较少。对企业联盟网络的研究发现，企业的联盟网络越多，其应对环境变化的能力也越强（Cui & O'Connor，2012；Duysters et al.，2012；Jiang，Tao & Santoro，2010）。替代网络冗余是未被充分利用的、与企业现有资源相似的社会网络（Das & Teng，2000）。企业的替代网络冗余越多，所能求助的资源也就越多，可以在一定程度上补充企业内部资源的不足（Thomaz & Swaminathan，2001）。同时，替代网络冗余越多，企业在选择供应商、承包商和渠道商等方面的自主权也就也大，谈判能力也就越强，在企业面临风险时可以在一定程度上把压力向其合作伙伴转移（Tang，2006）。此外，替代网络冗余还可以随时为企业调整生产计划等战略调整提供支持。因此，企业的替代网络冗余越多，其风险承担能力和风险恢复能力越强。

假设7a：替代网络冗余对风险承担能力有正向影响。

假设7b：替代网络冗余对风险恢复能力有正向影响。

互补网络冗余是未被充分利用的、与企业现有资源不相似的社会网络（Das & Teng，2000）。互补网络冗余并不为企业所直接持有，也不需要太多直接的维持成本，而当企业需要时又可以方便地为企业所用。互补网络冗余越多，企业能获取的资源也就越多，因而能更好地应对风险的破坏（Tang，Kacmar & Busenitz，2012）。而且，当企业面临风险时，互补网络冗余中的其他组织同时处于困难状态的可能性较小，因此更有可能为企业提供援助（Hoyt & Liebenberg，2011；Stulz，1996）。同时，互补网络冗余可以为企业提供各种新的信息、技术和人才等资源，有助于企业从风险中恢复发展（Dittrich & Duysters，2007；Yousaf & Majid，2016）。因此，企业的互补网络冗余越多，其风险承担能力和风险恢复能力越强。

假设8a：互补网络冗余对风险承担能力有正向影响。

假设8b：互补网络冗余对风险恢复能力有正向影响。

3.4.2 风险动态能力与企业绩效的关系

风险承担能力是企业经受风险所带来的损失而不影响正常运营的能力

（Nocco & Stulz，2006；Stulz，1996）。各种内外风险可能导致企业的产品竞争力下降、市场需求削减、存货大量积压、流动资金紧张等严重问题，如果企业不能有效应对，则可能进一步使得企业品牌形象受损、资金链断裂和员工离职率上升，破坏企业的正常运营，甚至导致企业破产（Anand，2015；Galloway & Funston，2000；Moeller，2007）。较强的风险承担能力可以使企业即使在风险状态下也能保持正常运行，维持营业收入，有利于保持良好的财务状况（Arena，Arnaboldi & Azzone，2010）。同时，其他风险承担能力较弱的企业很可能在风险中死亡，存活下来的企业就能比其他竞争对手更好地成长（Gordon，Loeb & Tseng，2009；McShane，Nair & Rustambekov，2011；Olson & Wu，2015）。此外，风险承担能力也可以促进企业的风险承担行为，使企业更多地参与到创新活动中，因此可能取得更好的成长绩效和财务绩效（MacKay & Moeller，2007；March & Shapira，1987）。因此，企业的风险承担能力越强，其成长绩效和财务绩效越好。

假设 9a：风险承担能力对成长绩效有正向影响。

假设 9b：风险承担能力对财务绩效有正向影响。

风险恢复能力是企业在风险中吸取教训获得发展的能力（Morrow，2007；Nocco & Stulz，2006；Stulz，1996）。风险会破坏企业的正常运营，长期处于风险状态不仅会减少企业的营业收入，还会破坏企业的品牌形象和组织氛围等，企业越快从风险中恢复就能越大程度上减少损失（Fatemi & Luft，2002；McShane，Nair & Rustambekov，2011）。风险也可能成为企业变革的加速器，通过从风险中吸取教训，找到新的发展方向可以推动企业的跨越式发展（Morrow，2007）。同时，当其他企业仍然在风险中挣扎的时候，率先走上新的发展道路的企业就能获得先发优势（Lieberman & Montgomery，1988；Luo & Peng，1998）。因此，企业的风险恢复能力越强，其成长绩效和财务绩效越好。

假设 10a：风险恢复能力对成长绩效有正向影响。

假设 10b：风险恢复能力对财务绩效有正向影响。

3.4.3 环境动态性的调节作用

环境动态性指特定行业在消费者偏好、产品或服务技术以及竞争模式等方面的变化幅度和不可预测性（Miller & Friesen，1983）。现有研究对环境动态性在动态能力与企业绩效之间的关系的调节效应仍然存在很大分歧，但大多数学者都认可环境动态性越高动态能力对企业绩效的积极作用就越强（Helfat et al.，2007；Schilke，2014；Wang，Senaratne & Rafiq，2015；Wilden & Gudergan，2015）。

在动态性较高的环境中，消费者偏好更难以捉摸，技术进步的速度更快，行业竞争程度也更高，企业的竞争优势随时都在受到冲击，面临风险的可能性更大（Akgul，Gozlu & Tatoglu，2015；Miller & Friesen，1983；Teece，2007）。如果企业的风险承担能力较弱，随时都可能被淘汰出局，更遑论良好的财务绩效和成长绩效；另一方面，风险恢复能力较强的企业，则有可能在环境变化时发现机会获得新的发展（Morrow，2007；Stulz，1996）。

与之相对应的是，在动态性较低的环境中，消费者偏好基本稳定，产品技术也已成熟，行业竞争程度较低，企业只要保持当前的运营能力就可以持续地获得稳定的利润回报，企业遭受风险的可能性较小（Wilden & Gudergan，2015）；此时，维持较高的风险承担能力和风险恢复能力的成本就显得很突出，甚至可能超过其对企业绩效的积极影响（Li & Liu，2014；Schilke，2014）。因此，环境动态性越高，风险承担能力和风险恢复能力对企业成长绩效和财务绩效的正向影响越大。

假设 11a：环境动态性越高，风险承担能力对成长绩效的正向影响越大。

假设 11b：环境动态性越高，风险承担能力对财务绩效的正向影响越大。

假设 12a：环境动态性越高，风险恢复能力对成长绩效的正向影响越大。

假设 12b：环境动态性越高，风险恢复能力对财务绩效的正向影响越大。

3.4.4 假设汇总与模型构建

根据前文的理论分析和逻辑推理，可以建立起"资源冗余—风险动态能力—企业绩效"的逻辑链条，由于资源冗余与企业绩效之间的关系已经得到了大量的研究（Cheng & Kesner，1997；George，2005；Singh，1986；Tan & Peng，2003；Zona，2012），此处不再详述资源冗余对企业绩效的直接作用以及风险动态能力的中介作用，在研究结论部分再结合理论分析和假设检验结果对其进行归纳总结。综上所述，可以构建研究二的理论模型，如图 3.3 所示。

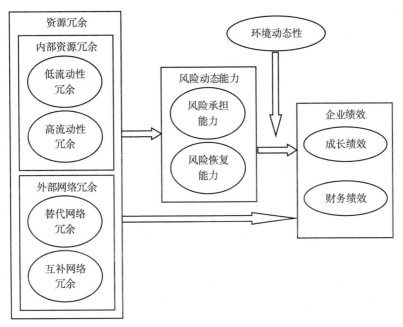

图 3.3　研究二的理论模型

3.5　资源冗余、技术动态能力与
企业绩效之间的关系分析

本节将对资源冗余、技术动态能力与企业绩效之间的关系进行理论拓展，同时分析环境动态性在技术动态能力与企业绩效之间关系上的调节效应，提出研究假设并构建相应的研究模型。

3.5.1　资源冗余与技术动态能力的关系

创新活动需要大量的资源，资源的可得性是创新成功的重要因素（Yalcinkaya，Calantone & Griffith，2007）。企业资源越多，在追逐市场机会上有更大的自主性，也就越有可能做出颠覆性的创新成果（Chandy & Tellis，2000）。资源冗余意味着更多的资源，可能会促进企业的创新（Martínez-Sánchez et al.，2007；Salge & Vera，2013），但不同类型的资源冗余有着不同的性质，对企业技术动态能力的影响可能是不同的（Geiger & Cashen，2002；Voss，Sirdeshmukh & Voss，2008）。

低流动性冗余是面向特定主题形成的、灵活性较低的资源（Sharfman et al.，1988）。首先，低流动性冗余的应用灵活性较低，被重新利用的难度很大，更难以用于企业的创新活动（Chen，Li & Lin，2013；Tan & Peng，2003；Nohria & Gulati，1996）；其次，较多的低流动性冗余往往意味着更官僚化的组织结构，组织效率低下（Jensen & Meckling，1976；Nohria & Gulati，1997）；再次，低流动性冗余还可能使得管理者过度自信和安于现状，缺乏进行创新的紧迫感，降低了企业的市场反应速度（Danneels，2008；Kraatz & Zajac，2001；Zona，2012）；然后，过多的低流动性冗余还会削弱企业对创新项目的选择和控制，降低了创新活动的效果（Jensen，1993；Nohria & Gulati，1996）；最后，低流动性冗余还可能增加创新活动中的消耗，降低研发创新的效率（Daniel et al.，2004；Geiger & Makri，2006）。因此，企业的低流动性冗余越多，其产品创新能力和流程创新能力越弱。

假设13a：低流动性冗余对产品创新能力有负向影响。

假设13b：低流动性冗余对流程创新能力有负向影响。

高流动性冗余是在企业内部留存的，应用范围较大，可以给管理者较多选择的资源（Sharfman et al.，1988）。首先，丰富的高流动性冗余在一定程度上意味着资源的低利用率，为了使这些资源得到有效利用，企业会更有动力去寻找机会把这些闲置的资源投入使用，因而增加了企业开展创新活动的可能（Hughes et al.，2015；Lee，2015；Natividad，2013）；其次，较多的高流动性冗余使企业可以更充分地进行市场调查、组织学习和外部交流等活动，促进了知识学习、共享和创造，保证了企业创新方向的正确性（Huang & Li，2012；Joshi & Sharma，2004；Keh，Nguyen & Ng，2007）；再次，在发现市场机会或技术机会时，丰富的高流动性冗余也为企业提供了开展研发创新的条件，使其有能力进行创新性试验，提高了企业追逐市场机会的自由度（Dan & Geiger，2015；Lee，2015；Tushman & Nelson，1990）；然后，丰富的高流动性冗余使得企业能够更从容地面对创新活动的失败，促进企业的风险承担行为和投资行为，而不至于瞻前顾后错失良机（George，2005；Malen & Vaaler，2017；Marlin & Geiger，2015；Miller & Leiblein，1996）；最后，企业开展创新活动时必然会对部分现有资源进行重新配置，更多的资源冗余可以降低这一过程中可能遇到的阻力（Chen & Huang，2010；Keegan & Turner，2002；Tan & Peng，2003）。因此，企业的高流动性冗余越多，其产品创新能力和流程创新能力越强。

假设 14a：高流动性冗余对产品创新能力有正向影响。

假设 14b：高流动性冗余对流程创新能力有正向影响。

替代网络冗余是未被充分利用的、与企业现有资源相似的社会网络（Das & Teng，2000）。首先，替代网络冗余中的企业也有一定的研发创新能力，通过加强和拓展与这些企业的合作，可以促进企业的联合创新（Oerlemans，Knoben & Pretorius，2013；Yamakawa，Yang & Lin，2011）；其次，依赖合作伙伴富余的销售渠道、客户关系、原材料供应能力或生产加工能力等资源，可以帮助企业快速把创新成果推向市场，对企业创新成果的商业化成功有很大作用（Atuahene-Gima，2003；Fang，2008；Keegan & Turner，2002；Rothaermel，2001）；此外，企业还可以从替代网络冗余中快速获得有经验的人力资本等资源，有利于企业创新（Faems et al.，2010；Lavie，2007；Mura et al.，2014）。因此，企业的替代网络冗余越多，其产品创新能力和流程创新能力越强。

假设 15a：替代网络冗余对产品创新能力有正向影响。

假设 15b：替代网络冗余对流程创新能力有正向影响。

互补网络冗余是未被充分利用的、与企业现有资源不相似的社会网络（Das & Teng，2000）。现有研究表明，联盟多样性可以促进资源和信息共享（Jiang，Tao & Santoro，2010；Cui & O'Connor，2012），促进新联盟的建立（Wassmer & Dussauge，2012）。企业现有资源往往是基于先前的业务惯例形成的，受到路径依赖和因果模糊性等因素的制约，对企业进行创新活动的作用不大（Deeds，De Carolis & Coombs，2000；Raisch et al.，2009）；而互补网络冗余可以帮助企业从外部获取新的信息、技术和人才等资源，有益于企业开展创新活动（Gulati，1999；Schildt，Keil & Maula，2012；Teece，2012）。首先，从互补网络冗余中可以发现未知的顾客需求和潜在的商机，而从互补网络冗余中获取新的技术和知识等资源亦可以拓宽企业的创新机会（Barney，1991；Parise & Casher，2003；Rothaermel，2001）；其次，把互补网络冗余中获取的资源与企业自身资源相整合，或者把从各种互补网络冗余中获取的资源相整合，可以创造新的价值，帮助企业创新（Dyer &

Singh，1998）；最后，通过模仿、学习或并购等方式，丰富的互补网络冗余还可以增强企业的自身资源或帮助企业把外部资源内部化，加强企业的创新能力（Balakrishnan & Koza，1993；Kale，Singh & Perlmutter，2000；Kogut，2000）。因此，企业的互补网络冗余越多，其产品创新能力和流程创新能力越强。

　　假设16a：互补网络冗余对产品创新能力有正向影响。

　　假设16b：互补网络冗余对流程创新能力有正向影响。

3.5.2　技术动态能力与企业绩效的关系

　　产品创新和流程创新对企业绩效的促进作用已经得到了广泛的讨论和认可，甚至很多研究直接把创新绩效看作企业的竞争优势（Alessandri & Pattit，2014；Dan & Geiger，2015；Ireland & Webb，2007）。但是，产品创新和流程创新与企业绩效还是有差别的。例如，斯卡米斯和拉格斯（Skarmeas & Lages，2011）就讨论了企业创新对其短期绩效和长期绩效的不同影响，还有大量的研究分析了企业创新的作用的情境差异（Jansen，Vera & Crossan，2009；Sheng，2017）。

　　产品创新能力是企业开发更好的或全新的产品或服务以满足市场需求的能力（Liao，Fei & Chen，2007）。通过对现有产品进行升级，可以保持和提高企业产品的竞争力，获得更大的市场份额，同时获得高于竞争对手的利润（Ar & Baki，2011；Lumpkin & Dess，2001）；通过开发全新的产品，可以为企业开拓新的利基市场，并在利基市场上获得超额利润（Alford & Duan，2018；Jansen et al.，2005）。企业的产品创新能力越高，在改进现有产品和开发新产品方面的表现就越好。因此，企业的产品创新能力越强，其成长绩效和财务绩效越好。

　　假设17a：产品创新能力对成长绩效有正向影响。

　　假设17b：产品创新能力对财务绩效有正向影响。

　　流程创新能力是企业改进流程工艺以提升生产效率或产品质量的能力（Liao，Fei & Chen，2007）。通过改进流程工艺提升生产效率，可以降低企业的生产成本，带来更高的利润（Ettlie & Reza，1992；Marzi et al.，2017）；同时，更好的工艺也有助于改进产品质量，提高产品的吸引力，获得更高的利润（Vallejo & Arias - Pérez, 2017）。通过流程创新，还可以为企业积累技术和知识，有利于企业开发全新产品开拓市场（Lisboa, Skarmeas & Lages, 2011；Macher & Mowery, 2009）；同时，流程创新能力也可以提升企业的实力增加企业的价值，帮助企业获取外部资源实现快速发展（Hine & Ryan, 1999；Omri, 2015；Woodman, Sawyer & Griffin, 1993）。因此，企业的流程创新能力越强，其成长绩效和财务绩效越好。

假设 18a：流程创新能力对成长绩效有正向影响。

假设 18b：流程创新能力对财务绩效有正向影响。

3.5.3 环境动态性的调节作用

环境动态性指特定行业在消费者偏好、产品或服务技术以及竞争模式等方面的变化幅度和不可预测性（Miller & Friesen, 1983）。企业产品创新和流程创新的动力很大程度上来自消费者偏好的改变，因为现有产品和服务已经不再能满足消费者的需求（Eroglu & Hofer, 2014；Chan et al., 2016）：在动态较高的环境中，消费者偏好变化快，企业只有不断地进行创新才能保持产品和服务的吸引力（Levinthal & March, 1993；Zahra & Bogner, 2000；Zahra, 1996）；同时，消费者偏好也更难以捉摸，创新的难度也更大，对企业创新能力的要求也就更高（Jansen et al., 2005；Sorensen & Stuart, 2000）；但是，环境动态性越高，创新成功的超额利润也就越大（Jansen, Vera & Crossan, 2009；Lumpkin & Dess, 2001）。企业产品创新和流程创新的动力还来自行业竞争的压力（Jansen et al., 2006）。在动态较高的环境中，行业竞争程度较高，企业必须不断进行产品创新才能提高自身产品的吸引力，必须不断进行流程创新才能提高产品质量，同时，降低生产成本才能帮助企业在激烈的竞争中获得成本优势（Lin & Wu, 2014；Teece, 2007）。

与之相对应的是，在动态性较低的环境中，消费者偏好基本稳定，产品技术也已成熟，行业竞争程度较低，企业不需要进行太多的产品创新或流程创新就能满足市场需求保持竞争优势（Pérez-Luño, Gopalakrishnan & Cabrera, 2014；Wilden & Gudergan, 2015）；而且，在动态性较低的环境中，进行产品创新和流程创新即使研发成功也不一定能得到市场认可，也较难获得更高的利润和市场份额（Li & Liu, 2014；Schilke, 2014）。因此，环境动态性越高，产品创新能力和流程创新能力对企业成长绩效和财务绩效的正向影响越大。

假设 19a：环境动态性越高，产品创新能力对成长绩效的正向影响越大。

假设 19b：环境动态性越高，产品创新能力对财务绩效的正向影响越大。

假设 20a：环境动态性越高，流程创新能力对成长绩效的正向影响越大。

假设 20b：环境动态性越高，流程创新能力对财务绩效的正向影响越大。

3.5.4　假设汇总与模型构建

根据前文的理论分析和逻辑推理，可以建立起"资源冗余—技术动态能力—企业绩效"的逻辑链条，由于资源冗余与企业绩效之间的关系已经得到了大量的研究（Cheng & Kesner，1997；George，2005；Singh，1986；Tan & Peng，2003；Zona，2012），此处不再详述资源冗余对企业绩效的直接作用以及技术动态能力的中介作用，在研究结论部分再结合理论分析和假设检验结果对其进行归纳总结。综上所述，可以构建研究三的理论模型，如图 3.4 所示。

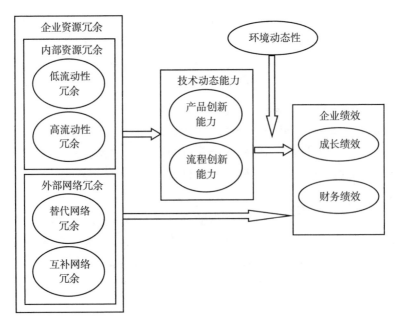

图 3.4　研究三的理论模型

3.6　本章小结

　　本章首先对本研究的核心概念进行了精确定义和维度划分，然后介绍了本研究的思路，接着分三个子研究依次对"资源动态能力、风险动态能力与技术动态能力之间的关系""资源冗余、风险动态能力与企业绩效之间的关系""资源冗余、技术动态能力与企业绩效之间的关系"进行了理论推演，提出了研究假设并建立了相应的研究模型。

第 4 章

问卷设计与小样本试测

本章的目的是为本研究的各个变量设计科学有效的测量量表，以备收集数据进行实证研究。首先，介绍了本研究在问卷设计过程中遵循的原则和具体步骤；然后，在理论分析和文献搜集的基础上，结合访谈资料，形成各个变量的初始测量条款；最后，通过小规模调研，收集数据对初始测量量表的信度、效度进行检验，进而修订完善测量量表。

4.1　问卷设计方法

问卷调查方法可以用较低的成本快速地收集大量数据，对被调查者的干扰也较小，容易得到被调查者的配合，所得数据也较容易分析处理，因此成为管理学研究中广泛应用的一种研究方法（陈晓萍、徐淑英和樊景立，2012）。但是，要想保证调研数据的质量，调研工具的有效性非常重要。本研究将遵循科学的原则对问卷设计过程进行严格的把控。

4.1.1　问卷设计原则

一般来说，问卷设计应当尽量采用现有研究中的成熟量表：其一，现有的量表是在大量的理论与实证工作基础上开发形成的，并反复地得到了其他研究者的应用和验证，具有较高的效度和信度；其二，使用现有的量表可以使研究结果更方便与其他研究进行对比分析，也更容易得到同行的认可和发表；其三，使用现有的量表可以为研究者节省大量的时间和资源（Marshall，2005）。

但是，沿用现有的量表也存在一定的局限性：其一，内容差异，成熟量表与当前研究所涉及的变量在内涵上不一定完全一致；其二，文化差异，特别是在跨文化研究中，某特定文化情境下开发的量表不一定适用于其他文化情境；其三，语言差异，对其他语言的量表的翻译可能与原意偏离（Behling & Law，2000；陈晓萍、徐淑英和樊景立，2012）。

因此，本研究在问卷设计过程中优先采用权威文献中的已得到反复检验的成熟量表，若现有的量表来自其他语言时通过回译程序来保障译文的准确性；当现有量表所测量变量与本研究的变量内涵上存在差异或量表自身存在缺陷而不能满足研究需求时，对其进行修订完善；当现有的量表完全不适用或研究中出现新的变量而缺少成熟量表时，开发新的测量量表。

4.1.2　问卷设计途径

产生问卷测量条款的方法主要有两种：演绎法和归纳法。演绎法是基于相关文献对变量在理论上进行清晰界定，然后根据定义编写测量条款；归纳法则是用定性方法广泛地了解变量的具体内容，然后结合理论编写测量条款（Hinkin，1995；陈晓萍、徐淑英和樊景立，2012）。综合采用这两种方法，本研究将依照以下步骤进行问卷设计，如图4.1所示。

4.1.2.1　收集初始测量条款

演绎法是在定义的指导下，对所研究的变量进行广泛的文献研究，搜集已有的相关变量的测量量表，在深入对比分析的基础上，选择通用的、权威的、信度和效度良好的测量量表，整合为本研究的初始测量量表。在收集

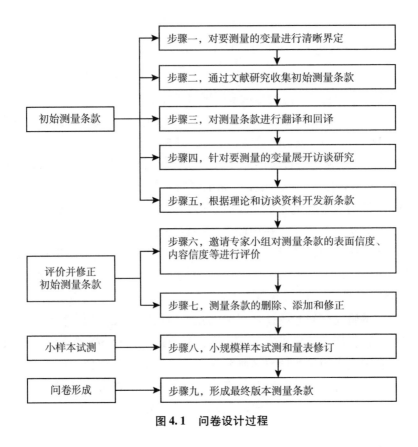

图 4.1　问卷设计过程

条款的过程中，特别应注意条款与本研究的匹配性，既尽可能多地收集可用条款，又注意宁缺毋滥。

4.1.2.2　测量条款的翻译与回译

本研究采用的量表大多来源于英文文献，而本研究的调研将会在中国进行，需要先把英文条款准确地翻译为汉语条款。如果翻译结果不准确，将会使得数据偏离研究内容，也将影响研究结果的正确性。回译法是保障翻译一致性的有效方法（Behling & Law，2000）。本研究的具体做法是请一位专家把英文翻译为中文，然后请另两位专家把翻译结果回译为英文，然后笔者与这三位专家一起对比原文与回译的英文，找到差异之处，再深入讨论后修正翻译的遣词用句，直到翻译结果能准确表达原始条款的内涵。

4.1.2.3 访谈研究

本研究有部分变量的现有量表不够成熟，还有部分变量是新定义的，相关研究还很少，理论不成熟，也缺少相关的测量量表。因此，需要通过访谈等定性方法了解构念在管理实践中的具体表现，以归纳法总结在测量中应当涉及的具体内容，进而形成初始测量条款。本研究通过与企业各个层级、不同部门的人员以及相关领域的专家学者进行小规模访谈，广泛地收集研究资料，为完善现有量表和开发新量表提供有力支撑。

4.1.2.4 开发部分量表

对目前理论和测量方法还不成熟的变量，需要在梳理文献和访谈资料的基础上进行量表开发。在开发条款时，必须切合变量的内涵，在表达上要浅显易懂并尽量简约，并且避免暗示性和倾向性，另外还要注意不涉及社会禁忌（Ajzen，2005；龙思颖，2016）。

4.1.2.5 初始测量条款的完善

为避免初始测量条款与待测变量内涵的偏离，需要对其内容效度进行评价（Podsakoff，2003；陈晓萍、徐淑英和樊景立，2012）。本研究邀请了 3 位相关研究领域的专家对这些测量条款进行评价，以提高其内容效度。首先，向专家介绍了本文的研究内容和研究目的，特别解释了所涉及的变量的定义和内涵；其次，向专家展示初始测量量表的具体条款；再次，让专家分别对各个条款的内容清晰度和准确度进行评分；最后，对比各专家的意见，对存在较大分歧的条款开展自由讨论，进而对测量条款进行删除、添加或修改。

4.1.2.6 形成初始测量量表

在广泛的文献研究的基础上，通过对比分析选择合适的成熟量表，通过访谈研究对不完善的变量进行修正补充，对缺少的量表进行了科学的开发，再利用专家评价提升了这些量表的内容效度，把所有这些量表汇总起来即形成了本研究的初始测量量表。

具体来说，产品创新能力、流程创新能力、成长绩效、环境动态性等变量，在现有的文献中得到了广泛的关注，存在成熟的测量量表，并具有良好的信度和效度，本研究将直接采用；对于低流动性冗余、高流动性冗余、资源调整能力和财务绩效等变量，在现有的文献中有大量相关的研究，存在许多相近变量的测量量表，本研究将在深入的概念辨析基础上，根据这些变量在本研究中的定义，对现有的量表进行修订或整合，形成新的初始测量量表；对于替代网络冗余、互补网络冗余、资源获取能力、风险承担能力和风险恢复能力等变量，是在本研究中新定义而初次纳入研究的变量，缺乏相关的测量量表，本研究将在理论研究和访谈资料的基础上开发新的测量量表。

4.1.3　小规模访谈

用访谈研究辅助测量条款开发可以对相关变量获得直观的了解和广泛的认识，为形成测量条款提供丰富的第一手资料（陈晓萍、徐淑英和樊景立，2012）。本研究选择了 10 位具有丰富实践经验的企业各级管理人员和 3 位相关领域的具有丰富理论经验的学者进行了访谈，以加深对相关变量的理解，明确测量条款中应当涉及的具体内容。

本研究采用面对面的半结构式访谈，单次访谈时间控制在一个小时左右。对管理人员的访谈，为了不对受访者的思维形成引导和限制，不会对相关变量的内涵提出明确定义，而是围绕主题，以企业中可能遇到的实际问题为触发点，引导他们自由表达。对专家学者的访谈，则是从变量的定义出发，探讨与其他相关概念的异同，有哪些值得借鉴和需要区别的地方，以及在测量上需要注意的问题。

4.2　初始测量条款

4.2.1　资源冗余的测量条款

现有研究中对资源冗余的测量主要有财务指标法、非财务指标法和问卷测量法三种，可归纳如下：

（1）在资源冗余的早期研究中，大多采用了财务指标来测量组织的资源冗余。例如，布儒瓦（Bourgeois，1981）、郑和克斯纳（Cheng & Kesner，1997）使用流动资产与流动负债的比率来测量可利用冗余，使用管理费用与销售额的比率来测量可恢复冗余，使用所有者权益与负债的比率来测量潜在的冗余；辛格（Singh，1986）使用流动资产与流动负债的比率来测量未吸收冗余，使用运营成本与销售额的比率来测量已吸收冗余；乔治（George，2005）使用特定年度留存的现金测量高流动性冗余，使用负债与资产的比值测量低流动性冗余。此外，各种具体的财务物质性质各异，可以用于测量不同类型的资源冗余：例如，现金的使用灵活性最高，可用于测量可利用冗余；应收账款和库存流动性适中，可用于测量可恢复冗余等（Bradley, Shepherd & Wiklund，2011；Love & Nohria，2005）。

（2）随着资源冗余研究的深入，在少数研究中，某些客观的非财务指标也被用于资源冗余的测量。例如，亨德里克斯、辛格哈尔和张（Hendricks, Singhal & Zhang，2009）使用库存天数测量企业的操作性资源冗余，穆萨和里德（Mousa & Reed，2013）使用研发投入水平测量组织的资源冗余状况，莱库纳和雷特辛格（Lecuona & Reitzig，2014）使用普通员工数量和专家数量分别测量低嵌入性冗余和高嵌入性冗余。

（3）近年来，问卷测量法在资源冗余的测量中得到了越来越多的应用。布儒瓦（Bourgeois，1981）曾建议使用两个条款测量资源冗余：①假如贵组织面临经济危机，您愿意在多大程度上降低自己的工资；②假如贵组织面临经济危机，您愿意放弃多少福利津贴？在此基础上，诺利亚和古拉蒂（Nohria & Gulati，1996）改编了两个条款用于测量企业的资源冗余：①假如出于某种原因，您所在部门的所有员工必须把 10% 的时间用于其他工作，您们下一年度的工作成果会在多大程度上受到影响；②假如出于某种原因，您所在部门的年度运营预算削减 10%，您们的工作将会在多大程度上受到影响？（1 = 完全不受影响，2 = 下降约 5%，3 = 下降约 10%，4 = 下降约 15%，5 = 下降 20% 或更多）该量表得到了莫雷诺、费尔南德斯和蒙特斯（Moreno, Fernandez & Montes，2009）等研究的应用，并显示了良好的效果。特罗伊洛、迪卢卡和雅典娜吉马（Troilo, De Luca & Atuahene-Gima，2014）开发了三个条款测量企业的资源冗余：①有未使用的资源可以为企业战略调整提供支持；②有大量的资源可以为企业战略实施提供支持；③很容易在短时间内获取资源以支持新战略。此外，李梓涵昕和朱桂龙（2016）从企业财务、技术和人力资源等方面开发了六个条款测量资源冗余（Cronbach's $\alpha = 0.82$）；郭秋云、李南和谢嗣胜（2017）则从已吸收冗余和未吸收冗余两个方面一共开发了七个条款进行测量（Cronbach's $\alpha = 0.90$）。

使用财务指标测量企业的资源冗余，优点在于客观且计算简单；但是每个财务指标与所测量的变量在内涵上都存在一定的差异，只能在一定程度上反映企业资源冗余的状况；此外，在不同的研究中，同一个财务指标可能被不同的学者用于测量不同类型的资源冗余，同一资源冗余不同学者又往往使用不同的财务指标，存在一定的混乱。使用非财务指标测量企业的资源冗余，优点在于可以根据特定的研究目的设计更贴合的指标；但是，使用该方法的研究还比较少，而所使用的指标各不相同也使得不同研究之间难以比较分析。使用问卷测量企业的资源冗余，可以在一定程度上克服财务指标和非财务指标的缺点；但是，当前用于测量资源冗余的量表还不够成熟，也没对资源冗余的各个维度予以区分，有待进一步完善。综合考虑以上因素，本研究将采用问卷测量的方法，在对资源冗余进行精确定义和维度划分的基础上，结合理论分析和访谈资料对现有的测量量表进行完善。

4.2.1.1 低流动性冗余的初始测量条款

低流动性冗余测量的是流动性和灵活性较低的资源冗余，主要包括偏高的管理费用或员工薪酬、加工中或已加工的产品、闲置的生产设备或熟练工等（Sharfman et al.，1988）。布儒瓦（Bourgeois，1981）通过企业面临危机时员工愿意放弃的薪酬福利来判断低流动性冗余的多少，诺利亚和古拉蒂（Nohria & Gulati，1996）通过减少运营投入时企业产出的变化量来判断低流动性冗余的多少，且分别开发了两个测量条款。在这些研究的基础上，本研究改编了这四个条款，并根据相关理论和访谈资料补充了两个条款，形成了低流动性冗余的初始测量条款，如表4.1所示。

表4.1   低流动性冗余的初始测量条款

变量	测量条款	条款内容
低流动性冗余	LD1	即使所有员工每天减少工作一个小时，我们的产出也不会减少[a]
	LD2	即使运营预算减少一部分，我们的工作也能正常开展[a]

续表

变量	测量条款	条款内容
低流动性 冗余	LD3	如果企业面临危机，我愿意少拿一点工资[b]
	LD4	如果企业面临危机，我愿意放弃一部分福利津贴[b]
	LD5	如果厂房设备都满负荷工作，我们的产出还能大大增加 *
	LD6	我们的人手经常不够用 *,[R]

注：R 表示反向条款，下同。

资料来源：a Nohria & Gulati，1996；b Bourgeois，1981；* 本研究开发。

4.2.1.2 高流动性冗余的初始测量条款

高流动性冗余测量的是流动性和灵活性较高、可以给管理者较大自主权的资源冗余，主要包括现金和现金等价物等（Sharfman et al.，1988）。现有研究中通常通过流动资产与流动负债的比率、现金及现金等价物与流动负债的比率来测量高流动性冗余（Bourgeois，1981；Singh，1986），也有部分学者直接使用现金、应收账款等指标测量进行测量（Bradley，Shepherd & Wiklund，2011；George，2005）。借鉴这些研究，本研究从流动资金、留存收益、应收账款、应付账款、短期投资等方面入手，开发了 5 个条款测量企业的高流动性冗余，如表 4.2 所示。

表 4.2   **高流动性冗余的初始测量条款**

变量	测量条款	条款内容
高流动性 冗余	HD1	相比于我们的规模，我们企业的应收账款数额很大 *
	HD2	相比于我们的规模，我们企业未支付供应商的欠款数额很大 *,[R]
	HD3	相比于我们的规模，我们企业每年可留存的收益非常少 *,[R]
	IID4	相比丁我们的规模，我们企业持有的周转资金很紧张 *,[R]
	HD5	相比于我们的规模，我们企业的短期投资数额很大 *

资料来源：* 本研究开发。

4.2.1.3 替代网络冗余的初始测量条款

替代网络冗余测量的是未被充分利用的、与企业现有资源相似的社会网络，比如富余的销售渠道、承包商的生产能力、供应商的供应能力等。这是一个新定义的变量，目前还没有相应的测量量表。费伊莫斯等（Faems et al.，2010）、戴斯特斯等（Duysters et al.，2012）与迪里乌、洛克辛和戴斯特斯（De Leeuw，Lokshin & Duysters，2014）在研究企业社会网络的类型和多样性时识别了各种类型的企业社会网络。本研究根据替代网络冗余的内涵，结合访谈资料，从供应商、生产商、分销商、银行等方面对其进行测量，如表4.3所示。

表4.3　　　　　　　　　　　替代网络冗余的初始测量条款

变量	测量条款	条款内容
替代网络冗余	SN1	我们的供应商有余力增加供给*
	SN2	我们的生产商有余力扩大生产*
	SN3	我们的分销商有余力销售更多的产品*
	SN4	其他合作企业可以给我们提供人力支持*
	SN5	银行给我们提供的贷款授信没用完*
	SN6	我们需要的原材料在市场上很容易购买到*
	SN7	我们的产品只有特定的厂家才有能力制造*

资料来源：＊本研究开发。

4.2.1.4　互补网络冗余的初始测量条款

互补网络冗余测量的是未被充分利用的、与企业现有资源不相似的社会网络，例如，关系良好的科研院校、没有特定合作项目的各种企业联盟等。这是一个新定义的变量，目前还没有相应的测量量表。根据费伊莫斯等（Faems et al.，2010）、戴斯特斯等（Duysters et al.，2012）与迪里乌、洛克辛和戴斯特斯（De Leeuw，Lokshin & Duysters，2014）识别的企业社会网络的各种类型，本研究从科研机构、产品开发联盟、咨询公司、国外先进企业等网络类型测量企业的互补网络冗余，如表4.4所示。

表 4.4 　　　　　　　　　　　互补网络冗余的初始测量条款

变量	测量条款	条款内容
互补网络冗余	CN1	我们可以从联盟伙伴获取更多的专利授权 *
	CN2	我们可以从咨询公司获取最新的市场信息 *
	CN3	我们可以依靠科研机构解决各种新问题 *
	CN4	我们与许多企业建立了产品研发联盟 *
	CN5	我们与各种不同行业的企业保持着良好沟通 *
	CN6	我们与许多国外先进企业建立了合作关系 *
	CN7	我们总比竞争对手更早地了解到市场信息 *

资料来源：＊本研究开发。

4.2.2 动态能力的测量条款

目前，对动态能力的测量主要有定性研究法和问卷调查法两种。定性研究法主要是通过观察、访谈、档案记录和文本分析等方法分析一个或多个企业的情况，对其动态能力高低进行评价。例如，闰多瓦和科萨（Rindova & Kotha，2001）通过文本分析发现了企业在不同阶段动态能力的不同；丹尼斯（Danneels，2011）通过文本分析和访谈研究了企业在利用资源、创造资源、获取资源和释放资源四个方面的动态能力。由于动态能力的概念尚不成熟，使用定性研究法可以深入挖掘动态能力各方面的特征，可以更全面更准确地把握动态能力。

在采用问卷调查法的研究中，由于对动态能力的内涵界定和维度划分存在分歧，对应的测量方法也不完全一致。在部分研究中，动态能力被当作一个单维的概念进行理论分析，对应的测量也是单维的。例如，吴（Wu，2007）把动态能力作为一个单维度概念，从资源整合、资源重构、组织学习和环境适应四个方面各设计一个条款，共使用四个条款进行测量。由于动态能力内涵上的丰富性，越来越多的研究都对动态能力进行了维度划分并开发了多维度的量表进行测量。比如，丹尼斯（Danneels，2008）把动态能力划分为营销能力和研发能力，分别开发了 11 个条款和六个条款进行测量；龙思颖（2015）把动态能力划分为学习能力、整合能力、重构能力和联盟能力四个维度，分别开发了多个条款进行测量。总体上看，使用多维度的量表对动态能力进行测量已经成为主流，得到了多数研究的采用，并显示了良好的效度（Danneels，2016；Girod & Whittington，2017；Schilke，2014；Wilden & Gudergan，2015），本研究也将采用多维度量表对动态能力进行测量。

4.2.2.1　资源调整能力的初始测量条款

资源调整能力测量的是企业重新配置内部资源以提高利用效率的能力。林和吴（Lin & Wu，2014）开发了 4 个条款测量企业的重构能力（$\alpha = 0.89$），龙思颖（2016）开发了 8 个条款测量企业的重构能力，实证分析显示其具有良好的信度（$\alpha = 0.91$），但是这两个研究对重构能力的定义与本研究所定义的资源调整能力有一定的差异，本研究在与专家学者讨论、深入对比其内涵和各个条款的内容的基础上，选取了其中 4 个条款，并根据理论和访谈资料补充了两个条款，如表 4.5 所示。

表 4.5　　　　　　　　　　　资源调整能力的初始测量条款

变量	测量条款	条款内容
资源调整能力	RA1	我们能及时重新调配资源以应对环境变化[ab]
	RA2	我们的资源重新调配有清晰的流程[ab]
	RA3	在资源调配过程中不同部门间保持着有效沟通[ab]
	RA4	我们的资源调配能随着业务重心的调整迅速改变[b]
	RA5	各个部门会为了争夺资源产生很大的冲突[*,R]
	RA6	我们能在短时间内把资源从旧项目中抽出用于新项目[*]

资料来源：a Lin & Wu，2014；b 龙思颖，2016；* 本研究开发。

4.2.2.2　资源获取能力的初始测量条款

资源获取能力测量的是企业获取外部资源以满足其需求的能力。丹尼斯（Danneels，2011）通过定性方法研究了企业获取外部资源的能力，但现有研究还缺乏资源获取能力的测量量表，本研究根据相关理论和访谈资料进行了开发，如表 4.6 所示。

表 4.6   资源获取能力的初始测量条款

变量	测量条款	条款内容
资源获取能力	AQ1	我们能根据战略调整制定资源获取计划 *
	AQ2	我们清楚从哪里可以获取所需的信息和技术 *
	AQ3	我们能以较低成本获得新技术的专利授权 *
	AQ4	我们能以较低的成本获得新的厂房和设备 *
	AQ5	我们能根据需要快速地获取新资源 *
	AQ6	我们缺乏资源支撑业务发展 *,R

资料来源：* 本研究开发。

4.2.2.3 产品创新能力的初始测量条款

产品创新能力是企业开发更好的或全新的产品满足市场需求的能力。廖、费和陈（Liao, Fei & Chen, 2007）开发了六个条款测量企业的产品创新能力，实证分析显示其具有良好的信度（$\alpha = 0.93$），本研究将采用该量表并进行翻译，如表 4.7 所示。

表 4.7   产品创新能力的初始测量条款

变量	测量条款	条款内容
产品创新能力	PD1	我们经常开发新产品/服务，并被市场广泛接受[a]
	PD2	我们的利润很大部分上来自新开发的产品/服务[a]
	PD3	我们开发的新产品/服务经常引起竞争对手的模仿[a]
	PD4	我们总是能比竞争对手更快地发布新产品/服务[a]
	PD5	我们在新产品/服务的研发上比竞争对手更有实力[a]
	PD6	我们经常能把旧产品转化为新产品以满足市场[a]

资料来源：a Liao, Fei & Chen, 2007。

4.2.2.4 流程创新能力的初始测量条款

流程创新能力测量的是企业改进流程工艺以提升生产效率或产品质量的能力。廖、费和陈（Liao, Fei & Chen, 2007）开发了五个条款测量企业的流程创新能力，实证分析显示其具有良好的信度（$\alpha = 0.90$），本研究将采用该量表并进行翻译，如表4.8所示。

表4.8   流程创新能力的初始测量条款

变量	测量条款	条款内容
流程创新能力	PC1	我们经常尝试不同的工艺、生产方法[a]
	PC2	我们经常获取新的技巧或设备以提升制造工艺或服务流程[a]
	PC3	我们经常开发更高效率的制造工艺或服务流程[a]
	PC4	我们能灵活地根据客户需求提供个性化的产品或服务[a]
	PC5	我们开发的新制造工艺或服务流程经常引起竞争对手的模仿[a]

资料来源：a Liao, Fei & Chen, 2007。

4.2.2.5 风险承担能力的初始测量条款

风险承担能力测量的是企业经受风险所带来的损失而不影响正常运营的能力。现有研究中还没有对其进行测量的量表，本研究将根据相关理论和访谈资料进行开发，如表4.9所示。

表4.9   风险承担能力的初始测量条款

变量	测量条款	条款内容
风险承担能力	BR1	我们比主要竞争对手更能抵抗经济形势的恶化[*]
	BR2	新的竞争者很难对我们的市场份额造成太大冲击[*]
	BR3	部分研发项目的失败不会使我们在竞争中落于下风[*]
	BR4	我们企业的投资都是稳赚不赔的[*]
	BR5	若新产品没获得市场认可，我们的整体财务表现会变得很糟[*,R]
	BR6	一次产品质量问题就会使我们的企业形象一落千丈[*,R]

资料来源：* 本研究开发。

4.2.2.6 风险恢复能力的初始测量条款

风险恢复能力测量的是企业从风险中吸取教训、改正错误并恢复正常运

营的能力。现有研究中还没有对其进行测量的量表，本研究将根据相关理论
和访谈资料进行开发，如表 4.10 所示。

表 4.10 风险恢复能力的初始测量条款

变量	测量条款	条款内容
风险恢复能力	RC1	经济形势恶化时我们也能找到发展机会 *
	RC2	我们能及时发现新的竞争者并积极应对 *
	RC3	研发项目失败后，我们能积极总结经验并投入新的项目 *
	RC4	新产品市场反响不佳时，我们能快速找到原因并推出改进版本 *
	RC5	出现产品质量问题后，我们能引导社会舆论并修复企业形象 *
	RC6	即使出现大的失误，我们也能东山再起 *
	RC7	我们很难经得起大的失误带来的损失 *,R

资料来源：* 本研究开发。

4.2.3 企业绩效的测量条款

4.2.3.1 财务绩效的初始测量条款

财务绩效是指企业在达成财务目标方面的表现（Orlitzky，Schmidt &
Rynes，2003）。现有研究中通常使用客观的财务指标衡量财务绩效，但是，
财务指标往往受到行业类型、企业规模、生命周期等因素的很大影响，且在
实际调研中财务指标属于比较敏感的信息，不一定能获得企业真实的回应。
部分学者指出，通过问卷条款比较企业与竞争对手在财务表现上的优劣可以
更准确地衡量企业的财务绩效（Li & Liu，2014；Schilke，2014）。本研究通
过比较企业与主要竞争对手在资产回报率、净资产回报率、销售利润率、营
业收入等方面的表现来衡量企业的财务绩效（Matear，Gray & Garrett，2004；
McGuire，Sundgren & Schneeweis，1988），如表 4.11 所示。

表 4.11   **财务绩效的初始测量条款**

变量	测量条款	条款内容
财务绩效	FP1	与主要竞争对手相比，我们企业的资产回报率更高 *
	FP2	与主要竞争对手相比，我们企业的净资产收益率比较低 *,R
	FP3	与主要竞争对手相比，我们企业的销售利润率更高 *
	FP4	与主要竞争对手相比，我们企业的营业收入更高 *

资料来源：* 本研究开发。

4.2.3.2 成长绩效的初始测量条款

成长绩效测量的是企业在成长性方面的表现。贝恩（Bain，1968）认为企业成长最主要的表现就是市场份额扩大，科斯（Coase，1974）指出企业的成长可以表现为企业规模的扩大和功能的扩展，而克鲁格（Kruger，2004）则把企业成长定义为创造收入、价值增值和规模扩大，克里亚克（Koryak，2015）则基于产品和市场的新颖程度，提出了企业成长的四种类型，包括现有产品/市场的渗透、现有市场中的新产品开发、现有产品的新市场推广和全新产品和市场的拓展。总的来说，企业成长绩效可以用营业收入增长率、员工数量增长率、市场占有率的增长率和利润增长率等客观指标进行衡量（Li & Liu，2014；Wilden & Gudergan，2015）；在这些研究的基础上，龙思颖（2016）开发了四个条款用于测量企业成长绩效，实证分析发现其具有较好的信度（$\alpha = 0.91$），本研究将采用该量表，如表 4.12 所示。

表 4.12   **成长绩效的初始测量条款**

变量	测量条款	条款内容
成长绩效	GP1	与主要竞争对手相比，我们企业的年均营业收入增长率更高[a]
	GP2	与主要竞争对手相比，我们企业的员工数量增长更快[a]
	GP3	与主要竞争对手相比，我们企业的市场占有率增长速度更快[a]
	GP4	与主要竞争对手相比，我们企业的年均利润增长率更低[a,R]

资料来源：a 龙思颖，2016。

4.2.4 环境动态性的测量条款

环境动态性测量的是外部环境变化的快慢和剧烈程度。舍奇克（Schilke，

2014）在研究环境动态性在联盟能力、新产品开发能力与企业竞争优势之间关系的调节作用时，开发了五个条款对环境动态性进行测量，实证分析显示其具有较好的信度（$\alpha = 0.81$），本研究将采用该量表并对其进行翻译，如表4.13所示。

表 4.13   环境动态性的初始测量条款

变量	测量条款	条款内容
环境动态性	ED1	我们行业的生产/服务模式经常发生大的改变[a]
	ED2	我们行业的顾客需求在不断变化[a]
	ED3	我们行业的营销模式在不断变化[a]
	ED4	我们行业面临的环境变化很难预料[a]
	ED5	我们行业中经常有新的商业模式出现[a]

资料来源：a Schilke, 2014。

4.2.5 企业统计特征的测量

本研究的基本分析单元是企业，需要对企业的基本特征进行测量，以了解样本企业的分布状况减少抽样偏差，同时可以作为控制变量进入后续的数据分析。在参考相关文献的基础上，本研究选择企业的年龄、规模、所有制类型和行业类型进行测量。

4.2.5.1 年龄

对企业年龄的测量主要有两种方式，一是计算企业成立至今的时间长度（Danneels, 2008），二是对企业成立年限分段测量（Dibrell, Craig & Hansen, 2011）。本研究参考迪尔布雷、克雷格和汉森（Dibrell, Craig & Hansen, 2011）的测量方式，把企业年龄由小到大分为未满3年、3~4年、5~8年、9~14年、15~29年和30年及以上六类，并依次编码为1、2、3、4、5、6。

4.2.5.2 规模

对企业规模的测量有很多不同的方式，例如：①企业员工数量（Danneels，2008）；②企业上年度销售总额（Uposon et al.，2012）；③企业资产总额（Hoskisson，Johnson & Moesel，2011）；④分段归类（Li & Liu，2014）。本研究参考李和刘（Li & Liu，2014）的测量方式，把企业按员工数量多少分为少于100人、100~499人、500~999人、1000人及以上四类，并依次编码为1、2、3、4。

4.2.5.3 所有制类型

当前，我国企业的所有制主要有国有企业、集体企业、私营企业、外资企业四种（叶林祥、李实和罗楚亮，2011）；此外，企业股权结构对企业的决策有着很大影响，需要把企业的控股权类型也纳入考虑（廖中举，2015）。由此，可以得到企业所有制的八种类型：国有独资、国有控股、集体独资、集体控股、私营独资、私营控股、外商独资、外商控股。依次编码为1、2、3、4、5、6、7、8。

4.2.5.4 行业类型

现有研究中对行业类型的测量主要有两种：①根据行业分类代码进行分类（Wilden & Gudergan，2015）。②根据所处行业的某些特征分类。例如，按照行业的技术密集程度划分为高新技术行业和其他行业两类（Li, Poppo & Zhou, 2008），或技术服务业、低技术行业、中技术行业和高技术行业四类（龙思颖，2016）。本研究主要关注企业资源冗余、动态能力与其绩效之间的关系，在调研过程中主要针对制造业和信息产业两大类企业进行。因此，先让被调查者填写其企业的主营业务，然后分别编码为1、2。

综上所述，编写企业统计特征的测量条款，可汇总如表4.14所示。

表4.14   **企业统计特征**

研究变量		内容
企业统计特征	年龄	1. 贵企业成立至今有多少年了？（ ） A. 未满3年　　　B. 3~4年　　　C. 5~8年 D. 9~14年　　　E. 15~29年　　　F. 30年及以上
	规模	2. 贵企业员工总数大概有多少人？（ ） A. 少于100人　B. 100~499人　C. 500~999人　D. 1000人及以上

续表

研究变量		内容
企业统计 特征	所有制	3. 贵企业的所有制性质属于哪类?(　　　) A. 国有独资　　B. 国有控股　　C. 集体独资　　D. 集体控股 E. 私营独资　　F. 私营控股　　G. 外商独资　　H. 外商控股
	行业	4. 贵企业的主营业务是_____(请填写)

4.2.6　个体统计特征的测量

虽然本研究的对象是企业,但直接填写问卷的是企业中的管理人员个体。为了使样本选择具有足够的广泛性和代表性,本研究参考现有的相关研究,选择测量被调查者的性别、年龄、学历、职位、部门和在企业工作时长等基本信息。

4.2.6.1　性别

现有研究对性别的测量方式比较一致,普遍是区分为男和女,分别用 1 或 2 进行编码(Moran,2005)。

4.2.6.2　年龄

现有研究对年龄的处理方式普遍是分段测量,但是不同研究者对分段标准的差异比较大。本研究参考廖中举(2015)的研究,按照勒万松等(Levinson et al.,1978)提出的生命阶段发展模型,把年龄划分为 28 岁及以下、29 ~ 33 岁、34 ~ 39 岁、40 ~ 45 岁和 46 岁及以上五组,依次编码为 1、2、3、4、5。

4.2.6.3　学历

现有研究对学历的测量通常是按照被调查者受教育程度高低进行测量,但是不同研究的分类标准存在着细微差别。本研究参考佩里史密斯(Perry-Smith,2006)的研究,把学历分为大专及以下、大学本科、硕士研究生和博士研究生四类,依次编码为 1、2、3、4。

4.2.6.4　工作职位

本研究按照威克斯等（Weeks et al., 1999）的分类方法，把工作职位划分为普通员工、基层管理者、中层管理者和高层管理者四类，依次编码为1、2、3、4。

4.2.6.5　工作类别

按照研究内容要求，本研究将对每个企业分别调研其总经理、生产、研发、市场和财务五个部门中的一名人员，因此工作类别也按这五组进行分类，依次编码为1、2、3、4、5。

4.2.6.6　工作年限

本研究测量被调查者在当前企业的工作年限。现有研究中测量各种年限有两种方式，一种是测量具体的时间长度（Ma, Huang & Shenkar, 2011），另一种是按时间长短分组测量（Thomas & Feldman, 2010）。分组测量在基本保持原始信息的同时，可以降低被调查者的顾虑，且易于分析。本书在参考现有文献的基础上把工作年限划分为1年以下、1~3年、4~6年、7~10年、11~14年、15年及以上六组，依次编码为1、2、3、4、5、6。

根据以上分析，编写个体统计特征的测量条款，可汇总如表4.15所示。

表4.15　　　　　　　　　　　　　　个体统计特征

研究变量		内容
个体统计特征	性别	1. 您的性别是（　　） A. 男　B. 女
	年龄	2. 您的年龄（　　） A. 28岁及以下　B. 29~33岁　C. 34~39岁　D. 40~45岁　E. 46岁以上
	学历	3. 您已取得的最高学历是（　　） A. 大专及以下　B. 本科　C. 硕士研究生　D. 博士研究生
	职位	4. 您现在的职位是（　　） A. 普通员工　B. 基层管理者　C. 中层管理者　D. 高层管理者

续表

研究变量		内容
个体统计特征	部门	5. 你所属的部门是（　　　） A. 总经理　B. 生产部门　C. 研发部门　D. 市场部门　E. 财务部门
	年限	6. 您在当前公司工作的时间有（　　　） A. 1 年以下　B. 1～3 年　C. 4～6 年　D. 7～10 年　E. 11～14 年 F. 15 年以上

4.3　小样本试测

本研究所采用的初始测量条款并不全是成熟量表，其信度和效度可能会存在问题。因此，在开展大规模调研之前，需要开展小样本试测，以检验其信度效度并据此完善测量量表。

4.3.1　小样本取样及样本描述

4.3.1.1　小样本的发放与回收

小样本调研企业来自杭州市西湖区、余杭区和滨江区三地。笔者根据社会关系形成调研名录，然后依照随机抽样的原则，每个区选择 20 家企业，前往企业进行现场调研。本研究的对象是企业层面，由于研究内容涉及企业战略、生产、研发、市场和财务等多个方面，为了数据的准确性，在调研过程中，每个企业都分别从上述部门中选择一名熟悉情况的管理人员进行了调查。一共调研了 60 家企业，发放问卷 300 份，全部收回。

回收问卷后，按以下标准进行筛选：①问卷主体部分缺失答题项累计达到或超过 10%；②答案中存在明显规律性，如大量勾选某一项或呈现 Z 形排列的；③同一条款给出多个选择或者多处反向条款与正向条款相矛盾的（赵卓嘉，2009；廖中举，2015）。此外，由于本研究的基本单位是企业，在一个企业中出现一份无效问卷后，整个企业的 5 份问卷都作废。根据上述标准进行筛选后，最终得到 51 个企业的 255 份有效问卷，有效回收率为 85%。小样本的个体统计特征和企业统计特征描述如表 4.16 和表 4.17 所示。

表 4.16 小样本的个体统计特征（$N = 255$）

人口统计特征	分类	频次（人）	百分比（%）
性别	男	138	54.1
	女	117	45.9
年龄	28 岁及以下	85	33.3
	29～33 岁	64	25.1
	34～39 岁	52	20.4
	40～45 岁	32	12.5
	46 岁及以上	22	8.6
学历	大专及以下	42	16.5
	大学本科	113	44.3
	硕士研究生	88	34.5
	博士研究生	12	4.7
职位	普通员工	27	10.6
	基层管理者	65	25.5
	中层管理者	102	40.0
	高层管理者	61	23.9
部门	总经理	51	20.0
	生产部门	51	20.0
	研发部门	51	20.0
	市场部门	51	20.0
	财务部门	51	20.0
在本企业年限	1 年以下	41	16.1
	1～3 年	64	25.1
	4～6 年	69	27.1
	7～10 年	40	15.7
	11～14 年	35	13.7
	15 年及以上	6	2.4

注：百分比数据为四舍五入，小数位后保留一位结果。

表 4.17　小样本的企业统计特征（N＝51）

企业统计特征	分类	频次（人）	百分比（%）
成立年限	未满 3 年	5	9.8
	3~4 年	6	11.8
	5~8 年	10	19.6
	9~14 年	17	33.3
	15~29 年	11	21.6
	30 年及以上	2	3.9
员工数量	少于 100 人	10	19.6
	100~499 人	21	41.2
	500~999 人	13	25.5
	1000 人及以上	7	13.7
所有制性质	国有独资	3	5.9
	国有控股	2	3.9
	集体独资	8	15.7
	集体控股	4	7.8
	私营独资	9	17.6
	私营控股	19	37.3
	外商独资	3	5.9
	外商控股	3	5.9
行业类别	制造业	27	52.9
	信息产业	24	47.1

注：百分比数据为四舍五入，小数位后保留一位结果。

4.3.1.2　小样本数据的描述性统计分析

本研究的研究对象是企业，但小样本并不检验各变量间的因果关系，而是分析测量量表的信度和效度并找到存在问题的条款以完善量表。因此，在本环节中将使用个体数据作为分析单元。这可以避免整合企业层面数据时改变数据的分布而损害测量条款背后的心理特点，而且可以在小规模的调研中获得几倍于企业数量的数据，便于进行探索性因子分析（Anderson & West,

1996；赵卓嘉，2009）。

在开始信度、效度检验之前，需要先对数据进行描述性统计分析。各测量条款的均值、标准差、偏度和峰度如表4.18所示。由表4.18可以看到，各测量条款的均值介于2.48～3.40之间（5级Likert量表）；标准差介于0.752～1.556之间，均大于0.75；因此，各个条款在不同被调研者之间都可以产生足够大的区分（Bennett & Robinson，2000）。同时，各条款的偏度介于 -0.513～0.452之间，绝对值均小于3；峰度介于 -1.556～0.829之间，绝对值均小于10；因此，各条款的数据近似地服从正态分布（Kline，1998）。由此可见，数据基本满足要求，可以进行后续的信度、效度分析。

表4.18　　　　　小样本各测量条款的描述性统计（N=255）

测量条款	样本量	均值	标准差	偏度		峰度	
				统计值	标准差	统计值	标准差
LD1	255	2.88	1.359	0.175	0.153	-1.201	0.304
LD2	255	2.83	1.136	0.238	0.153	-0.764	0.304
LD3	255	2.93	1.313	0.002	0.153	-1.139	0.304
LD4	255	2.80	1.349	0.158	0.153	-1.198	0.304
LD5	255	2.82	1.198	0.166	0.153	-0.842	0.304
LD6	255	3.09	1.436	-0.168	0.153	-1.360	0.304
HD1	255	3.02	1.122	-0.114	0.153	-0.568	0.304
HD2	255	3.04	1.120	0.016	0.153	-0.753	0.304
HD3	255	2.95	1.060	-0.066	0.153	-0.615	0.304
HD4	255	2.91	1.067	0.103	0.153	-0.269	0.304
HD5	255	2.87	1.176	0.027	0.153	-0.786	0.304
SN1	255	3.37	1.136	-0.461	0.153	-0.382	0.304
SN2	255	3.19	1.037	-0.170	0.153	-0.370	0.304
SN3	255	3.29	1.130	-0.227	0.153	-0.635	0.304
SN4	255	3.16	1.256	-0.055	0.153	-0.949	0.304
SN5	255	3.07	1.174	-0.115	0.153	-0.728	0.304
SN6	255	3.18	0.843	-0.042	0.153	-0.056	0.304
SN7	255	3.36	1.169	-0.445	0.153	-0.495	0.304
CN1	255	3.24	0.876	-0.141	0.153	-0.276	0.304

续表

测量条款	样本量	均值	标准差	偏度		峰度	
				统计值	标准差	统计值	标准差
CN2	255	3.23	1.163	−0.173	0.153	−0.738	0.304
CN3	255	3.33	1.227	−0.213	0.153	−0.857	0.304
CN4	255	3.13	0.963	0.183	0.153	−0.161	0.304
CN5	255	3.13	1.324	−0.145	0.153	−1.128	0.304
CN6	255	3.19	0.876	−0.022	0.153	0.228	0.304
CN7	255	3.20	1.073	−0.398	0.153	−0.418	0.304
RA1	255	2.73	1.181	−0.010	0.153	−1.256	0.304
RA2	255	2.59	1.187	0.149	0.153	−1.045	0.304
RA3	255	2.58	1.161	0.169	0.153	−0.882	0.304
RA4	255	2.48	1.216	0.223	0.153	−1.156	0.304
RA5	255	3.04	1.333	0.099	0.153	−1.237	0.304
RA6	255	2.62	1.122	0.193	0.153	−0.650	0.304
AQ1	255	3.19	1.336	−0.296	0.153	−1.100	0.304
AQ2	255	3.31	1.413	−0.418	0.153	−1.162	0.304
AQ3	255	3.35	1.325	−0.389	0.153	−1.008	0.304
AQ4	255	2.98	1.302	−0.039	0.153	−1.007	0.304
AQ5	255	3.05	1.305	−0.116	0.153	−1.088	0.304
AQ6	255	2.87	1.219	0.166	0.153	−0.871	0.304
PD1	255	3.40	1.278	−0.513	0.153	−0.871	0.304
PD2	255	3.31	1.308	−0.143	0.153	−1.127	0.304
PD3	255	3.13	1.111	−0.093	0.153	−0.777	0.304
PD4	255	3.17	1.079	−0.170	0.153	−0.643	0.304
PD5	255	3.08	1.335	0.006	0.153	−1.186	0.304
PD6	255	3.14	1.340	−0.332	0.153	−1.156	0.304
PC1	255	3.02	1.164	0.014	0.153	−0.752	0.304
PC2	255	3.07	1.097	−0.259	0.153	−0.440	0.304
PC3	255	3.22	1.154	−0.430	0.153	−0.576	0.304
PC4	255	2.89	1.182	0.171	0.153	−0.774	0.304
PC5	255	3.20	1.167	−0.298	0.153	−0.672	0.304

续表

测量条款	样本量	均值	标准差	偏度		峰度	
				统计值	标准差	统计值	标准差
BR1	255	3.19	0.752	0.452	0.153	0.744	0.304
BR2	255	3.25	0.823	0.146	0.153	0.073	0.304
BR3	255	3.15	0.982	−0.311	0.153	0.074	0.304
BR4	255	3.06	1.140	0.013	0.153	−0.718	0.304
BR5	255	3.17	0.914	0.056	0.153	−0.024	0.304
BR6	255	3.07	1.013	−0.280	0.153	−0.148	0.304
RC1	255	3.06	1.103	0.017	0.153	−0.581	0.304
RC2	255	3.07	1.004	−0.158	0.153	−0.045	0.304
RC3	255	3.16	0.984	−0.370	0.153	−0.110	0.304
RC4	255	3.13	1.150	−0.279	0.153	−0.764	0.304
RC5	255	3.20	1.013	−0.341	0.153	−0.269	0.304
RC6	255	3.18	1.046	−0.305	0.153	−0.382	0.304
RC7	255	3.17	1.261	−0.013	0.153	−0.990	0.304
FP1	255	3.18	0.998	−0.409	0.153	−0.316	0.304
FP2	255	3.02	0.806	0.055	0.153	0.829	0.304
FP3	255	3.05	1.001	−0.008	0.153	−0.192	0.304
FP4	255	2.93	1.001	−0.118	0.153	−0.102	0.304
GP1	255	3.12	1.196	−0.223	0.153	−0.936	0.304
GP2	255	3.12	0.995	−0.367	0.153	−0.065	0.304
GP3	255	3.22	1.198	−0.370	0.153	−0.750	0.304
GP4	255	3.05	1.111	−0.250	0.153	−0.680	0.304
ED1	255	3.04	1.499	0.082	0.153	−1.482	0.304
ED2	255	3.01	1.556	−0.020	0.153	−1.556	0.304
ED3	255	3.10	1.509	−0.189	0.153	−1.488	0.304
ED4	255	3.04	1.501	−0.151	0.153	−1.493	0.304
ED5	255	3.02	1.444	−0.099	0.153	−1.419	0.304

4.3.2　小样本检验方法及结果

本研究先通过探索性因子分析对所有测量条款的维度结构进行初步判断，

然后使用内部一致性和 CITC 分析法对每个变量的测量条款进行检验，以剔除一致性较低的条款提高测量量表的内部信度。

4.3.2.1 探索性因子分析

在初始测量量表中，部分变量采用的是成熟量表，部分变量采用的是在借鉴相关量表的基础上增删完善的量表，还有部分变量采用的是在理论研究和访谈资料上开发的全新量表，为了全面把握变量的维度结构以及各个变量下的条款之间有无交叉重合，本节将在一个模型内对所有条款进行探索性因子分析。

在正式分析前，需要使用 KMO 样本测度和巴特雷（Bartlett）球体检验判断样本是否适合进行探索性因子分析。结果显示，KMO 值为 0.769，巴特雷球体检验的显著性小于 0.001，适合进行探索性因子分析（Kaiser，1974；马庆国，2002）。采用主成分分析法进行因子提取，采用方差最大法进行因子旋转，探索性因子分析结果见表 4.19。共呈现 18 个特征根大于 1 的因子，共解释方差 65.24%。

参考赵卓嘉（2009）、廖中举（2015）和龙思颖（2016）的研究，本研究将删除：①自成一个因子的条款；②在所有因子上的因子荷载均小于 0.5 的条款；③在多个因子上的因子荷载均大于 0.5 的条款。由表 4.19 可以看到，自成一个因子的条款有 CN4、CN7、AQ6、BR4 和 RC1，在所有因子上的因子负荷均小于 0.5 的有 LD6、SN4、SN5、RA5 和 RC7，没有在多个因子上的因子负荷均大于 0.5 的条款。

综上所述，删除条款 CN4、CN7、AQ6、BR4、RC1、LD6、SN4、SN5、RA5 和 RC7，进行第二次探索性因子分析。KMO 值为 0.797，Bartlett 球体检验的显著性小于 0.001，适合进行探索性因子分析。采用主成分分析法进行因子提取，采用方差最大法进行因子旋转，探索性因子分析结果见表 4.20。从表 4.20 可以看到，共呈现 13 个特征根大于 1 的因子，共解释方差 62.85%。各条款的最大因子负荷均大于 0.5，且不存在自成一个因子或在多个因子上负荷超过 0.5 的情况；同时，所提取的因子与本研究的理论模型相一致，各条款所在的因子与量表设计相一致。

表 4.19　小样本探索性因子分析（第一次）

条款	因子																	
	1	2	3	4	5	6	7	8	9	10	11	12	13	14	15	16	17	18
LD1	0.067	0.182	0.007	0.005	0.087	-0.068	**0.764**	-0.046	0.076	0.034	-0.093	-0.094	0.010	0.009	0.089	-0.028	-0.134	0.162
LD2	0.118	0.020	0.039	0.063	-0.015	-0.032	**0.791**	-0.084	-0.056	-0.096	-0.050	0.004	0.109	-0.046	-0.058	0.071	0.011	0.035
LD3	0.222	0.005	0.054	0.084	0.034	0.048	**0.662**	0.026	-0.127	-0.101	0.035	0.026	0.027	0.103	-0.077	0.079	0.028	-0.154
LD4	0.034	-0.002	0.062	0.052	-0.144	0.047	**0.703**	0.017	0.029	-0.037	-0.041	0.074	0.007	-0.049	0.132	0.015	0.063	-0.093
LD5	0.176	0.060	0.003	0.007	-0.086	-0.001	**0.767**	0.023	-0.016	-0.084	-0.080	0.027	0.108	0.021	-0.149	-0.064	0.116	-0.059
LD6	-0.067	0.372	0.102	0.080	-0.021	0.194	0.440	0.000	0.161	-0.036	-0.141	-0.075	-0.059	0.027	0.210	-0.219	-0.239	0.051
HD1	0.046	**0.774**	0.132	0.071	-0.028	0.073	0.035	-0.085	0.002	0.040	0.123	-0.022	-0.145	-0.042	-0.039	-0.060	0.099	-0.008
HD2	0.055	**0.711**	0.142	0.076	-0.100	0.018	0.095	0.095	-0.109	0.088	0.222	0.009	-0.050	-0.017	-0.018	-0.018	-0.038	0.001
HD3	0.046	**0.801**	0.206	0.080	-0.125	0.094	0.081	0.012	0.019	0.017	0.037	0.069	-0.036	-0.010	0.097	0.038	-0.072	0.003
HD4	0.034	**0.841**	0.161	0.075	-0.039	0.044	0.047	0.112	-0.054	0.106	0.061	0.043	0.022	0.050	-0.014	0.046	0.014	0.010
HD5	0.034	**0.768**	0.137	0.014	-0.071	0.031	0.020	0.081	-0.044	-0.056	0.039	-0.023	-0.075	0.085	0.077	0.146	-0.010	0.001
SN1	0.115	0.066	-0.017	0.005	0.065	**0.712**	0.081	-0.040	-0.106	0.033	0.109	-0.022	0.033	-0.009	0.025	0.010	0.031	-0.085
SN2	0.043	0.062	0.032	-0.035	-0.023	**0.793**	-0.004	0.058	0.014	0.013	0.146	0.031	0.029	-0.049	0.034	0.058	0.012	-0.063
SN3	0.109	0.064	0.059	-0.052	0.106	**0.669**	-0.022	-0.196	0.005	-0.026	0.112	-0.018	0.022	0.218	-0.058	0.065	0.101	0.024
SN4	-0.049	0.283	-0.060	0.325	-0.046	0.367	0.048	0.058	0.058	-0.106	-0.163	0.004	0.248	-0.398	-0.259	0.113	-0.049	0.026
SN5	-0.006	0.187	-0.034	0.173	0.016	0.304	0.072	0.018	0.218	-0.072	-0.086	0.119	0.149	-0.155	-0.472	0.007	0.196	-0.216
SN6	0.203	0.029	0.128	-0.081	0.036	**0.771**	-0.031	0.100	0.037	-0.023	0.008	0.039	0.007	0.058	0.057	-0.074	0.094	0.001

续表

条款	因子																	
	1	2	3	4	5	6	7	8	9	10	11	12	13	14	15	16	17	18
SN7	0.052	0.024	-0.083	0.013	0.068	**0.697**	-0.011	0.095	0.031	0.036	-0.036	0.003	0.104	-0.227	-0.057	-0.062	-0.093	0.140
CN1	0.144	-0.039	0.031	0.092	0.016	0.022	-0.041	0.122	**0.719**	0.176	0.180	0.140	0.044	0.065	-0.044	-0.003	-0.095	-0.043
CN2	0.200	-0.059	0.053	0.089	0.002	0.089	0.093	0.022	**0.569**	0.160	0.191	0.121	0.057	0.015	0.225	0.168	0.234	0.046
CN3	0.103	0.024	0.010	0.032	0.055	-0.037	-0.068	0.043	**0.673**	0.080	0.079	0.145	0.122	0.017	-0.084	0.209	0.054	0.139
CN4	0.010	-0.007	0.002	0.031	0.014	0.242	0.053	0.161	0.281	0.058	0.030	-0.009	0.015	-0.028	0.022	0.079	**0.688**	0.102
CN5	0.141	-0.063	-0.022	0.168	-0.062	-0.066	0.007	0.046	**0.705**	0.118	0.124	0.082	0.053	-0.025	-0.053	-0.052	0.097	-0.121
CN6	0.237	-0.103	0.066	0.139	-0.014	-0.003	-0.010	0.075	**0.660**	0.122	0.303	0.147	-0.008	-0.034	0.024	-0.027	-0.035	-0.128
CN7	0.090	0.142	0.013	0.033	0.047	-0.007	0.001	0.051	0.185	0.037	0.073	0.001	-0.024	-0.186	-0.008	**0.760**	0.123	0.119
RA1	0.001	0.136	**0.793**	0.013	0.058	0.075	-0.017	-0.081	0.064	-0.074	-0.021	0.086	0.025	0.024	-0.024	0.014	-0.126	0.033
RA2	-0.018	0.188	**0.808**	0.018	0.041	0.026	0.053	0.022	-0.053	0.010	0.044	0.076	0.014	0.014	-0.007	0.085	-0.047	0.000
RA3	0.031	0.161	**0.779**	0.048	0.085	-0.076	0.006	-0.042	0.054	-0.028	0.032	0.082	0.061	-0.046	0.032	-0.118	0.088	0.009
RA4	0.127	0.114	**0.752**	-0.029	-0.044	-0.005	0.112	0.098	0.005	0.118	0.159	0.002	-0.034	-0.014	-0.089	0.076	0.003	-0.067
RA5	0.165	0.039	0.374	0.011	-0.008	0.116	-0.042	0.047	0.205	0.021	-0.005	-0.015	-0.134	0.019	-0.094	0.025	-0.434	0.191
RA6	0.007	0.145	**0.711**	0.088	0.043	0.056	0.055	-0.045	-0.016	0.024	-0.032	0.082	0.063	0.040	0.256	-0.064	0.046	0.017
AQ1	-0.040	0.070	0.095	-0.018	0.060	0.022	-0.075	**0.745**	0.015	0.108	0.031	-0.085	0.005	0.062	-0.082	0.053	0.013	0.005
AQ2	0.073	0.068	-0.033	-0.028	0.037	-0.058	-0.046	**0.710**	0.181	-0.048	0.117	0.040	0.083	-0.109	0.096	-0.114	-0.115	-0.077
AQ3	-0.008	0.055	-0.082	-0.011	0.034	0.021	0.116	**0.756**	0.025	0.033	0.104	0.010	0.019	0.057	0.007	-0.005	0.086	0.091

续表

| 条款 | \multicolumn{18}{c}{因子} | | | | | | | | | | | | | | | | | |
	1	2	3	4	5	6	7	8	9	10	11	12	13	14	15	16	17	18
AQ4	0.154	0.017	0.013	0.004	-0.051	0.053	-0.043	**0.694**	0.054	0.071	0.114	0.066	0.050	0.046	-0.086	0.088	0.208	0.051
AQ5	0.006	-0.010	-0.048	0.166	0.055	0.012	-0.027	**0.712**	0.003	0.023	0.071	0.043	0.171	-0.053	0.251	-0.025	-0.079	-0.018
AQ6	0.129	0.210	0.096	0.058	0.006	0.076	0.011	0.148	0.009	0.056	0.018	0.036	0.156	-0.133	**0.714**	0.037	0.115	-0.108
PD1	**0.727**	0.021	0.023	0.224	0.000	0.135	0.094	0.059	0.147	0.085	0.028	-0.068	0.034	0.001	0.023	-0.048	-0.034	0.017
PD2	**0.751**	0.038	0.005	0.165	-0.007	0.109	0.042	-0.058	0.116	0.012	-0.025	0.026	0.168	0.008	-0.057	-0.001	0.070	0.026
PD3	**0.695**	-0.015	-0.010	0.227	0.092	0.087	0.157	-0.011	0.078	0.108	-0.054	0.011	0.094	-0.039	-0.018	0.085	-0.083	-0.018
PD4	**0.761**	0.068	0.101	0.136	0.121	0.109	0.073	0.019	0.043	0.004	-0.039	0.021	0.044	0.024	0.063	-0.017	0.024	0.064
PD5	**0.722**	0.096	-0.009	0.146	0.023	0.082	0.162	0.111	0.153	0.141	-0.033	0.037	0.157	0.037	-0.026	0.069	-0.072	-0.085
PD6	**0.738**	0.010	0.067	0.224	0.009	0.027	0.112	0.077	0.128	0.038	0.006	0.069	0.158	-0.014	0.155	0.015	0.044	-0.004
PC1	0.229	0.103	-0.009	**0.719**	0.111	-0.102	0.059	-0.018	0.146	-0.007	-0.031	0.101	0.005	0.026	-0.023	-0.034	-0.010	0.085
PC2	0.225	0.026	0.042	**0.766**	0.011	0.021	0.065	0.003	0.120	0.038	0.016	0.020	-0.089	0.153	0.057	0.001	-0.025	-0.059
PC3	0.219	0.063	0.015	**0.760**	0.049	-0.067	-0.039	0.004	0.019	0.147	0.070	0.092	0.013	0.030	0.037	0.021	0.030	0.035
PC4	0.229	0.091	0.050	**0.744**	-0.039	0.038	0.101	0.033	0.041	0.113	0.083	0.088	0.016	-0.107	0.007	0.154	-0.033	-0.066
PC5	0.187	0.055	0.059	**0.729**	0.064	-0.026	0.058	0.065	0.091	0.054	-0.089	0.151	0.061	0.047	-0.061	-0.059	0.063	0.058
BR1	0.002	0.013	0.004	0.128	0.030	-0.071	-0.006	0.013	0.111	-0.050	-0.006	**0.764**	0.005	-0.072	0.067	-0.050	-0.141	0.145
BR2	0.020	0.008	0.056	0.073	0.093	0.029	-0.025	-0.023	0.090	0.088	0.085	**0.675**	-0.088	0.181	-0.040	-0.018	0.238	-0.044
BR3	0.008	-0.055	0.058	0.164	-0.063	0.012	0.074	-0.027	0.099	0.208	0.168	**0.661**	-0.091	0.044	-0.126	-0.033	-0.042	0.081

续表

条款	因子																	
	1	2	3	4	5	6	7	8	9	10	11	12	13	14	15	16	17	18
BR4	0.014	0.115	0.001	0.181	0.020	-0.039	0.019	0.070	0.032	-0.060	0.066	0.168	0.182	**0.765**	-0.111	-0.125	-0.027	0.043
BR5	0.003	0.092	0.193	0.027	0.060	0.121	-0.037	0.004	0.119	0.061	0.117	**0.607**	-0.029	0.095	0.113	-0.092	0.048	0.122
BR6	0.051	0.006	0.064	0.061	0.007	-0.025	0.033	0.079	0.091	0.080	0.053	**0.694**	0.003	-0.053	-0.025	0.163	-0.033	-0.176
RC1	0.021	-0.001	0.025	0.058	-0.017	-0.026	-0.072	0.062	-0.091	0.193	0.143	0.096	-0.046	0.021	-0.033	0.060	0.015	**0.767**
RC2	0.090	-0.033	0.111	0.020	-0.020	0.061	-0.074	0.264	0.116	-0.083	**0.640**	0.211	0.082	0.248	-0.023	0.145	-0.029	0.094
RC3	-0.075	0.137	0.010	0.019	-0.113	0.106	-0.144	0.058	0.216	0.042	**0.562**	0.081	0.164	-0.089	0.022	0.073	0.114	0.293
RC4	0.040	0.094	0.025	-0.091	0.037	0.097	-0.048	0.110	0.226	-0.063	**0.648**	0.158	0.105	-0.118	-0.026	-0.199	0.141	0.069
RC5	-0.065	0.149	0.029	0.030	0.137	0.138	-0.069	0.039	0.118	0.057	**0.732**	0.030	0.007	0.008	0.087	-0.009	-0.035	-0.124
RC6	-0.112	0.180	0.043	0.042	0.025	0.041	-0.031	0.134	0.168	0.016	**0.673**	0.050	0.054	0.084	-0.002	0.042	-0.063	0.051
RC7	0.059	-0.019	0.034	-0.100	0.184	-0.075	-0.125	0.123	-0.054	-0.009	0.337	0.080	0.072	-0.346	-0.141	-0.477	0.214	0.160
FP1	0.176	-0.032	0.071	0.039	-0.087	0.051	-0.003	0.066	-0.040	0.138	0.138	0.042	**0.705**	-0.081	-0.073	-0.011	-0.021	-0.177
FP2	0.218	-0.093	0.023	-0.041	0.036	0.035	0.024	0.107	0.075	0.077	0.049	-0.060	**0.666**	0.073	0.049	-0.206	0.110	0.068
FP3	0.139	-0.144	0.059	0.019	0.020	0.068	0.132	0.098	0.199	0.119	0.010	-0.173	**0.672**	0.092	0.054	0.048	0.029	0.129
FP4	0.111	-0.059	-0.025	-0.004	0.155	0.072	0.115	0.056	0.039	0.031	0.090	-0.031	**0.702**	0.057	0.067	0.086	-0.021	-0.043
GP1	0.102	0.011	-0.038	0.110	-0.024	-0.011	-0.137	0.016	0.062	**0.831**	0.051	0.139	0.015	0.048	-0.054	0.025	-0.002	-0.001
GP2	0.078	0.012	0.062	0.109	-0.093	-0.011	-0.045	0.061	0.098	**0.804**	-0.009	0.050	0.074	-0.132	0.020	0.040	-0.062	0.092
GP3	0.062	0.056	0.039	0.031	-0.071	0.049	-0.064	-0.015	0.145	**0.767**	0.001	0.048	0.096	-0.046	0.004	-0.009	0.065	0.062

续表

条款	因子																	
	1	2	3	4	5	6	7	8	9	10	11	12	13	14	15	16	17	18
GP4	0.072	0.094	-0.031	0.052	-0.019	-0.008	-0.035	0.146	0.169	**0.763**	-0.042	0.074	0.126	0.099	0.128	-0.011	0.048	0.043
ED1	0.084	-0.059	0.014	-0.029	**0.752**	-0.035	-0.022	0.021	0.110	-0.044	0.092	0.094	0.014	0.010	0.047	-0.039	-0.025	0.128
ED2	-0.003	0.008	0.067	0.072	**0.771**	0.004	-0.064	-0.029	-0.009	-0.143	-0.007	0.024	0.109	-0.074	-0.065	0.065	0.040	-0.004
ED3	0.063	-0.040	0.048	0.066	**0.819**	0.036	-0.008	0.018	-0.054	-0.055	0.016	-0.046	-0.081	0.022	0.103	0.004	0.088	-0.078
ED4	-0.004	-0.112	-0.062	0.032	**0.799**	0.137	-0.041	0.049	-0.007	-0.003	-0.082	-0.012	0.081	0.026	-0.019	-0.017	-0.023	0.054
ED5	0.064	-0.122	0.111	0.031	**0.757**	0.079	0.001	0.071	-0.042	0.042	0.092	0.053	-0.006	0.029	-0.058	-0.020	-0.061	-0.126
旋转特征根	4.08	3.79	3.44	3.44	3.35	3.26	3.25	3.06	3.04	2.99	2.87	2.77	2.42	1.36	1.34	1.30	1.28	1.25
方差（%）	5.52	5.12	4.65	4.65	4.53	4.41	4.39	4.14	4.10	4.04	3.87	3.74	3.27	1.83	1.81	1.75	1.73	1.68
累计方差（%）	5.52	10.64	15.29	19.94	24.47	28.88	33.27	37.40	41.51	45.55	49.42	53.16	56.43	58.26	60.07	61.82	63.55	65.24

注：提取方法——主成份；旋转法——具有 Kaiser 标准化的正交旋转法；旋转在 13 次迭代后收敛。

表 4.20　小样本探索性因子分析（第二次）

条款	因子												
	1	2	3	4	5	6	7	8	9	10	11	12	13
LD1	0.080	0.177	0.028	0.087	0.003	**0.741**	0.048	−0.044	−0.085	0.057	−0.084	−0.095	0.002
LD2	0.071	0.043	0.031	−0.014	0.080	**0.812**	−0.004	−0.084	−0.002	−0.095	−0.090	−0.004	0.111
LD3	0.247	−0.020	0.062	0.028	0.084	**0.679**	−0.145	0.017	0.035	−0.095	0.059	0.021	−0.003
LD4	0.027	0.005	0.072	−0.143	0.047	**0.708**	0.047	0.028	0.053	−0.041	−0.064	0.059	0.013
LD5	0.144	0.070	−0.014	−0.083	0.009	**0.778**	0.014	0.014	0.024	−0.100	−0.101	0.038	0.125
HD1	0.007	**0.797**	0.123	−0.028	0.086	0.034	0.042	−0.081	0.111	0.013	0.081	−0.011	−0.110
HD2	0.033	**0.721**	0.136	−0.104	0.095	0.092	−0.107	0.096	0.030	0.076	0.206	0.021	−0.027
HD3	0.051	**0.807**	0.221	−0.125	0.083	0.074	0.020	0.023	0.091	0.014	0.035	0.059	−0.040
HD4	0.035	**0.838**	0.167	−0.039	0.078	0.059	−0.058	0.112	0.046	0.111	0.076	0.041	0.006
HD5	0.048	**0.769**	0.144	−0.069	0.016	0.032	−0.051	0.084	0.028	−0.041	0.065	−0.026	−0.097
SN1	0.086	0.082	−0.015	0.064	0.025	0.092	−0.064	−0.031	**0.736**	0.015	0.076	−0.028	0.045
SN2	0.020	0.072	0.036	−0.031	−0.017	−0.004	0.053	0.067	**0.818**	−0.005	0.112	0.017	0.034
SN3	0.125	0.039	0.058	0.107	−0.052	0.004	−0.013	−0.201	**0.662**	−0.005	0.173	−0.015	−0.007
SN6	0.204	0.023	0.132	0.029	−0.075	−0.041	0.031	0.103	**0.781**	−0.029	0.016	0.052	0.024
SN7	0.020	0.054	−0.098	0.069	0.016	−0.028	0.041	0.094	**0.703**	0.031	−0.061	0.006	0.132
CN1	0.143	−0.039	0.040	0.020	0.084	−0.042	**0.724**	0.122	0.011	0.160	0.178	0.129	0.022
CN2	0.179	−0.031	0.050	0.006	0.091	0.091	**0.614**	0.039	0.106	0.152	0.178	0.119	0.088

续表

条款	1	2	3	4	5	6	7	8	9	10	11	12	13
CN3	0.060	0.039	-0.001	0.053	0.045	-0.056	**0.712**	0.042	-0.008	0.085	0.064	0.134	0.111
CN5	0.130	-0.071	-0.028	-0.061	0.157	0.014	**0.706**	0.045	-0.060	0.099	0.121	0.079	0.051
CN6	0.192	-0.077	0.063	-0.009	0.144	-0.003	**0.722**	0.085	0.020	0.084	0.231	0.130	0.007
RA1	-0.001	0.138	**0.787**	0.059	0.014	-0.023	0.055	-0.088	0.068	-0.074	-0.019	0.092	0.024
RA2	0.012	0.172	**0.825**	0.038	0.008	0.044	-0.058	0.021	0.012	0.016	0.068	0.070	-0.014
RA3	0.013	0.167	**0.775**	0.085	0.046	-0.002	0.081	-0.039	-0.057	-0.043	0.009	0.086	0.080
RA4	0.128	0.107	**0.749**	-0.053	-0.022	0.104	0.029	0.091	0.003	0.102	0.147	0.005	-0.035
RA6	0.019	0.134	**0.731**	0.050	0.075	0.060	-0.007	-0.028	0.055	0.044	-0.013	0.073	0.046
AQ1	-0.024	0.047	0.094	0.052	-0.016	-0.077	-0.017	**0.734**	0.016	0.117	0.065	-0.075	-0.009
AQ2	0.056	0.086	-0.030	0.039	-0.028	-0.047	0.183	**0.719**	-0.058	-0.065	0.080	0.026	0.098
AQ3	-0.013	0.057	-0.082	0.039	-0.019	0.119	0.034	**0.758**	0.024	0.037	0.117	0.017	0.025
AQ4	0.127	0.031	-0.011	-0.050	0.006	-0.031	0.102	**0.687**	0.080	0.060	0.109	0.081	0.068
AQ5	0.016	-0.018	-0.025	0.057	0.159	-0.023	-0.006	**0.728**	-0.006	0.037	0.077	0.016	0.149
PD1	**0.725**	0.021	0.021	0.004	0.220	0.093	0.159	0.058	0.131	0.084	0.027	-0.062	0.045
PD2	**0.731**	0.044	-0.004	-0.008	0.170	0.045	0.153	-0.060	0.121	-0.002	-0.037	0.031	0.187
PD3	**0.691**	-0.006	-0.024	0.091	0.241	0.158	0.074	-0.017	0.072	0.107	-0.048	0.018	0.114
PD4	**0.782**	0.051	0.104	0.119	0.126	0.066	0.030	0.018	0.093	0.021	-0.009	0.030	0.048

因子

续表

条款	因子												
	1	2	3	4	5	6	7	8	9	10	11	12	13
PD5	**0.736**	0.080	0.008	0.017	0.144	0.162	0.167	0.115	0.077	0.137	-0.031	0.024	0.135
PD6	**0.745**	0.003	0.077	0.010	0.214	0.115	0.144	0.089	0.021	0.047	0.012	0.060	0.160
PC1	0.232	0.105	-0.019	0.119	**0.705**	0.064	0.137	-0.023	-0.120	0.004	-0.011	0.112	0.002
PC2	0.216	0.026	0.048	0.013	**0.777**	0.064	0.137	0.013	0.028	0.021	0.002	0.025	-0.080
PC3	0.203	0.080	0.006	0.052	**0.767**	-0.037	0.035	0.008	-0.065	0.143	0.058	0.107	0.036
PC4	0.208	0.108	0.048	-0.045	**0.758**	0.100	0.086	0.042	0.051	0.098	0.042	0.081	0.023
PC5	0.173	0.052	0.057	0.060	**0.732**	0.049	0.100	0.067	-0.011	0.044	-0.090	0.173	0.078
BR1	-0.007	0.029	0.008	0.030	0.125	-0.022	0.105	0.022	-0.082	-0.050	-0.015	**0.762**	0.018
BR2	0.039	-0.005	0.043	0.090	0.063	-0.026	0.077	-0.026	0.024	0.072	0.127	**0.708**	-0.066
BR3	-0.011	-0.060	0.048	-0.069	0.171	0.073	0.114	-0.034	0.015	0.198	0.161	**0.669**	-0.088
BR5	0.037	0.079	0.195	0.067	0.006	-0.039	0.063	0.005	0.084	0.083	0.189	**0.623**	-0.028
BR6	0.021	0.020	0.058	-0.004	0.078	0.049	0.151	0.082	0.000	0.052	-0.002	**0.669**	-0.007
RC2	0.117	-0.058	0.120	-0.016	0.015	-0.059	0.106	0.260	0.030	-0.064	**0.692**	0.202	0.040
RC3	-0.082	0.141	-0.010	-0.105	0.010	-0.140	0.218	0.051	0.091	0.076	**0.604**	0.078	0.154
RC4	0.041	0.083	0.014	0.041	-0.117	-0.057	0.219	0.106	0.088	-0.066	**0.655**	0.168	0.119
RC5	-0.031	0.129	0.029	0.137	0.024	-0.065	0.074	0.036	0.098	0.059	**0.759**	0.028	-0.005
RC6	-0.114	0.170	0.053	0.024	0.049	-0.029	0.171	0.135	0.031	0.012	**0.672**	0.043	0.040

续表

条款	因子												
	1	2	3	4	5	6	7	8	9	10	11	12	13
FP1	0.153	-0.032	0.068	-0.100	0.059	-0.011	-0.020	0.069	0.066	0.103	0.101	0.040	**0.721**
FP2	0.184	-0.081	0.011	0.045	-0.038	0.032	0.075	0.109	0.046	0.070	0.051	-0.040	**0.704**
FP3	0.156	-0.141	0.055	0.023	0.018	0.119	0.147	0.094	0.037	0.133	0.068	-0.153	**0.686**
FP4	0.080	-0.027	-0.021	0.157	0.015	0.121	0.081	0.066	0.088	0.006	0.055	-0.036	**0.716**
GP1	0.100	0.011	-0.042	-0.027	0.114	-0.132	0.074	0.012	-0.011	**0.824**	0.051	0.150	0.020
GP2	0.067	0.017	0.067	-0.101	0.112	-0.060	0.130	0.064	-0.006	**0.801**	-0.037	0.045	0.077
GP3	0.057	0.045	0.040	-0.072	0.024	-0.057	0.162	-0.015	0.052	**0.775**	0.012	0.045	0.084
GP4	0.094	0.080	-0.028	-0.015	0.039	-0.028	0.140	0.147	-0.027	**0.784**	0.005	0.084	0.119
ED1	0.078	-0.048	0.008	**0.758**	-0.034	-0.027	0.103	0.023	-0.041	-0.034	0.092	0.101	0.028
ED2	0.001	0.007	0.065	**0.774**	0.060	-0.050	0.003	-0.031	0.007	-0.133	0.002	0.011	0.081
ED3	0.059	-0.042	0.052	**0.816**	0.074	-0.009	-0.041	0.028	0.051	-0.065	0.000	-0.044	-0.066
ED4	0.003	-0.116	-0.055	**0.798**	0.027	-0.052	-0.015	0.051	0.137	0.002	-0.076	-0.006	0.076
ED5	0.056	-0.125	0.105	**0.753**	0.039	0.008	-0.040	0.067	0.085	0.028	0.072	0.064	0.002
旋转特征根	3.94	3.49	3.32	3.32	3.29	3.07	3.02	3.00	2.99	2.91	2.79	2.73	2.35
方差（%）	6.16	5.45	5.19	5.19	5.14	4.79	4.72	4.69	4.68	4.55	4.36	4.26	3.68
累计方差（%）	6.16	11.61	16.81	21.99	27.13	31.92	36.64	41.33	46.00	50.55	54.91	59.17	62.85

注：提取方法——主成分；旋转法——具有 Kaiser 标准化的正交旋转法；旋转在 7 次迭代后收敛。

4.3.2.2 内部一致性和 CITC 分析

通过探索性因子分析初步明确了测量条款中的变量结构后，本小节将进一步使用内部一致性和 CITC 方法分析每个变量条款的内部信度。为保证测量条款的内部一致性，同一变量下的条款的 Cronbach's α 应不小于 0.7，且每个条款对应的 CITC 值应高于 0.4（Farh，Early & Lin，1997）。此外，如果删除某一条款后测量条款的 Cronbach's α 增加，则应予以删除（Nunnally，1978）。

各变量的测量条款的内部一致性信度及各条款 CITC 值如表 4.21 所示。从表 4.21 可以看到，所有变量测量量表的 Cronbach's α 均大于 0.7，各条款的 CITC 值均大于 0.4，且不存在删除后可以使 Cronbach's α 增大的条款，因此所有变量的测量量表的内部一致性信度都良好。

表 4.21　小样本各变量的测量量表内部一致性信度分析（$N = 255$）

变量	条款	CITC	删除该条款后的 Cronbach's α	Cronbach's α
低流动性冗余	LD1	0.590	0.791	0.819
	LD2	0.715	0.757	
	LD3	0.553	0.801	
	LD4	0.542	0.805	
	LD5	0.683	0.764	
高流动性冗余	HD1	0.703	0.862	0.883
	HD2	0.672	0.869	
	HD3	0.765	0.848	
	HD4	0.788	0.843	
	HD5	0.679	0.869	
替代网络冗余	SN1	0.602	0.765	0.806
	SN2	0.676	0.742	
	SN3	0.532	0.787	
	SN6	0.665	0.756	
	SN7	0.526	0.791	

续表

变量	条款	CITC	删除该条款后的 Cronbach's α	Cronbach's α
互补网络冗余	CN1	0.668	0.759	0.808
	CN2	0.555	0.784	
	CN3	0.561	0.784	
	CN5	0.588	0.780	
	CN6	0.693	0.753	
资源调整能力	RA1	0.681	0.825	0.857
	RA2	0.741	0.809	
	RA3	0.681	0.825	
	RA4	0.641	0.836	
	RA6	0.617	0.841	
资源获取能力	AQ1	0.564	0.768	0.800
	AQ2	0.577	0.764	
	AQ3	0.620	0.750	
	AQ4	0.553	0.771	
	AQ5	0.600	0.757	
产品创新能力	PD1	0.698	0.866	0.885
	PD2	0.691	0.867	
	PD3	0.673	0.870	
	PD4	0.691	0.868	
	PD5	0.727	0.861	
	PD6	0.725	0.861	
流程创新能力	PC1	0.669	0.835	0.861
	PC2	0.682	0.831	
	PC3	0.693	0.828	
	PC4	0.687	0.830	
	PC5	0.664	0.836	

续表

变量	条款	CITC	删除该条款后的 Cronbach's α	Cronbach's α
风险承担能力	BR1	0.562	0.712	0.761
	BR2	0.563	0.708	
	BR3	0.562	0.706	
	BR5	0.492	0.731	
	BR6	0.496	0.733	
风险恢复能力	RC2	0.586	0.748	0.792
	RC3	0.545	0.761	
	RC4	0.597	0.745	
	RC5	0.579	0.751	
	RC6	0.552	0.759	
财务绩效	FP1	0.520	0.704	0.748
	FP2	0.541	0.697	
	FP3	0.580	0.669	
	FP4	0.544	0.690	
成长绩效	GP1	0.733	0.794	0.852
	GP2	0.700	0.812	
	GP3	0.665	0.825	
	GP4	0.685	0.815	
环境动态性	ED1	0.625	0.834	0.853
	ED2	0.657	0.826	
	ED3	0.711	0.811	
	ED4	0.697	0.815	
	ED5	0.640	0.830	

4.3.3　初始测量量表的修正

4.3.3.1　删除信度效度较差的条款

通过小样本探索性因子分析，发现条款 CN4、CN7、AQ6、BR4 和 RC1

自成一个因子，条款 LD6、SN4、SN5、RA5 和 RC7 在所有因子上的因子负荷均小于 0.5，在删除这些条款后，进行第二次探索性因子分析和 CITC 分析以及内部一致性信度分析，发现测量条款的结构与研究设计相一致，具有了良好的效度和信度。

4.3.3.2 加入标签变量

本研究采用问卷调查收集研究数据，可能会存在共同方法偏差，使得变量间出现虚假相关。为了检验共同方法偏差的程度，本研究将在调查问卷中加入一个在理论上与其他所有变量都不相关的标签变量（Williams et al.，2010；Williams & McGonagle，2016）。如果数据分析发现有显著相关，则说明数据中的共同方法偏差较为严重。本研究选用卡尔森、萨里斯和康韦（Carlson，Sallis & Conway，2012）研究地区环境的绿化、建筑、景观等的美观程度的变量"邻域美观度"（neighborhood aesthetics）作为标签变量。该量表包含四个条款，Cronbach's α 为 0.77。龙思颖（2016）曾采用并翻译了该量表，研究显示其具有优良的效果，条款翻译如表 4.22 所示。

表 4.22　　　　　　　　　　　　**标签变量的测量条款**

变量	测量条款	条款内容
邻域美观度	M1	我们企业附近的道路有沿街绿化[a][b]
	M2	在我们企业附近散步能看见许多有趣的东西[a][b]
	M3	我们企业附近有许多迷人的自然景观[a][b]
	M4	我们企业附近有很多美观的建筑[a][b]

资料来源：a Carlson，Sallis & Conway，2012；b 龙思颖，2016。

4.4 本章小结

本章首先详细介绍了本研究问卷设计所遵循的原则和途径，然后在文献研究和访谈研究的基础上形成了初始测量量表，接着通过小样本试测发现了初始测量量表中存在的问题，通过删除那些质量较差的条款提高了量表的信度和效度，最后加入标签变量，形成了用于大样本调研的最终测量量表。

| 第 5 章 |

数据收集与质量评估

本章将首先介绍数据收集的方法和步骤，然后对样本数据进行描述性分析，接着使用探索性因子分析、内部一致性分析、验证性因子分析等方法对测量量表的信度和效度进行检验，再使用Harman 单因素分析、标签变量等方法对共同方法偏差进行检验，最后，把个体层面的数据整合成企业层面数据以供后续统计检验使用。

5.1　研究数据的获取

获取研究数据的过程对数据的质量和研究结论的准确性有至关重要的影响，本研究严格地按照科学的方法进行，以保证样本的代表性和数据的准确性。

5.1.1　样本对象的选择

本研究主要关注企业的资源冗余、动态能力与其绩效之间的关系，因此，在选择调研样本时，需要考虑以下因素：

其一，地域特征。一方面，本研究的调研主要在国内进行，但各地的社会、文化、经济发展水平甚至地方法规也存在着较大差异，可能会对企业的经营活动产生不同影响；另一方面，由于调研时间、经费、人力以及社会关系的制约，又难以对国内各省份都深入开展调研。因此，本研究将在笔者能力范围内选择比较能代表中国现代商业发展状况和未来方向的浙江省（杭州市、宁波市）、广东省（广州市、深圳市）和上海市这三个地区的五个城市进行调研。

其二，行业特征。不同行业间的组织过程和管理实践往往具有极大差异，理论研究应当切入具体行业中才能深刻反映现实。制造业是国民经济的基础，在当前经济转型背景下受到的冲击也是最大的，其资源和能力的价值最容易受到环境变化的影响，与本研究的内容十分吻合，很有研究价值；信息产业是新兴经济的代表，其资源、能力的构成与传统企业有很多差异，在快速成长的过程中也遇到了大量的问题，帮助它们抓住时代机遇保持企业存活并不断成长也具有深远的意义。因此，本研究的调研将会集中在制造业和信息产业这两个行业。

其三，企业特征。在上述的地域和行业的局限之下，为了保证样本的代表性，本研究将尽可能地覆盖多样化的企业以保障样本的代表性，包括不同的成立年限、规模和所有制性质等。

其四，被调研者特征。为了使调研数据能准确反映企业的现实情况，被调研者必须对被调研的内容有充分的了解。本研究的对象是企业，由于研究内容涉及企业战略、生产、研发、市场和财务等多个方面，单个管理者往往很难全面地回答所有内容；为了数据的准确性，在调研过程中，每个企业都分别从上述部门中选择一名管理人员进行了调查，然后再截取相应部门管理者的数据作为企业层面数据。

5.1.2 抽样方法与过程

首先，确定抽样方法：严格来说，本研究应当从杭州市、宁波市、广州市、深圳市和上海市这五个城市所有的制造业和信息产业中随机抽取调研企业，但是限制于调研的实际困难，本研究将主要依赖于笔者的个人社会关系进行调研，把所有可能联系到的企业制成调研名录进行走访调研。

其次，确定抽样单位：本研究以企业为基本的抽样单位，以战略、生产、研发、市场和财务这五个部门中的管理者为抽样元素。

再次，确定抽样规模：拉梅尔（Rummel，1988）认为进行探索性因子分析的样本量与测量条款最低比例为 4：1；海金（Hinkin，1995）则发现，只要内部相关性足够强，150 个样本就能进行探索性因子分析；若进行多元回归分析，则样本数与变量数的比例至少为 5：1（张世琪，2012；廖中举，2015）。本研究的测量条款数为 68 个，变量数为 14 个，综合考虑这些学者的观点，本研究计划调研 250 家企业，每家企业发放问卷 5 份，共计 1250 份。

最后，确定抽样计划：在正式开始调研前，笔者对调研时间、调研方式、可能遇到的问题以及应对方案都做了周详的计划。

5.1.3　问卷发放、回收与筛选

本研究的调研由笔者到各个企业中开展实地调研。在发放问卷前对被调查者进行简单的口头说明，告知其调研内容仅用于学术研究，并向其保证不会侵犯其企业或个人的任何利益，征得其同意后进行调研。

回收问卷后，按以下标准进行筛选：①问卷主体部分缺失答题项累计达到或超过 10%；②答案中存在明显规律性，如大量勾选某一项或整体呈现 Z 形排列的；③同一条款给出多个选择或者多处反向条款与正向条款相矛盾的（赵卓嘉，2009；廖中举，2015）。同时，由于本研究的基本单位是企业，在一个企业中出现一份无效问卷后，整个企业的 5 份问卷都作废。

最终，本研究实际对 236 家企业进行了调研，共发放问卷 1180 份，全部收回。在根据上述原则进行筛选后，获得来自 217 家企业的有效问卷 1085 份，有效回收率为 91.9%。

5.2　样本数据描述

5.2.1　样本个体特征的描述性统计

本研究的实证调查总计获得 1085 份有效问卷，其个体描述性统计特征见

表5.1。从表5.1可以看到，在1085个被调查者中，男性598人，占55.1%；女性487人，占44.9%。年龄方面，在28岁及以下的334人，占30.8%；29~33岁的268人，占24.7%；34~39岁的247人，占22.8%；40~45岁的158人，占14.6%；46岁及以上的78人，占7.2%。学历方面，大专及以下的170人，占15.7%；大学本科学历的461人，占42.5%；硕士研究生410人，占37.8%；博士研究生44人，占4.1%。职位方面，普通员工99人，占9.1%；基层管理者310人，占28.6%；中层管理者405人，占37.3%；高层管理者271人，占25.0%。部门方面，由于调研中对每一个企业都选择总经理、生产、研发、市场和财务这五个部门中的一名管理人员进行调查，因此样本中来自每个部门的都是217人，各占20%。在本企业工作年限方面，1年以下的158人，占14.6%；1~3年的265人，占24.4%；4~6年的282人，占26.0%；7~10年的194人，占17.9%；11~14年145人，占13.4%；15年及以上的41人，占3.8%。由此可见，所调研的样本个体充分考虑了本研究的特殊情境要求，在其他方面的分布比较多样，跟企业中人员的总体分布也比较相符，具有较高的代表性。

表5.1　　　　大样本的个体统计特征（$N=1085$）

人口统计特征	分类	频次（人）	百分比（%）
性别	男	598	55.1
	女	487	44.9
年龄	28岁及以下	334	30.8
	29~33岁	268	24.7
	34~39岁	247	22.8
	40~45岁	158	14.6
	46岁及以上	78	7.2
学历	大专及以下	170	15.7
	大学本科	461	42.5
	硕士研究生	410	37.8
	博士研究生	44	4.1

人口统计特征	分类	频次（人）	百分比（%）
职位	普通员工	99	9.1
	基层管理者	310	28.6
	中层管理者	405	37.3
	高层管理者	271	25.0
部门	总经理	217	20.0
	生产部门	217	20.0
	研发部门	217	20.0
	市场部门	217	20.0
	财务部门	217	20.0
在本企业年限	1 年以下	158	14.6
	1～3 年	265	24.4
	4～6 年	282	26.0
	7～10 年	194	17.9
	11～14 年	145	13.4
	15 年及以上	41	3.8

注：百分比数据为四舍五入，小数位后保留一位结果。

5.2.2 样本企业特征的描述性统计

本研究的有效样本包括 217 家企业，企业特征的描述性统计见表 5.2。从表 5.2 可以看到，企业成立年限的分布情况：未满 3 年的 19 家，占 8.8%；3～4 年的 27 家，占 12.4%；5～8 年的 50 家，占 23.0%；9～14 年的 80 家，占 36.9%；15～29 年的 28 家，占 12.9%；30 年及以上的 13 家，占 6.0%。企业规模的分布情况：少于 100 人的 45 家占 20.7%；100～499 人的 76 家，占 35%；500～999 人的 61 家，占 28.1%；1000 人及以上的 35 家，占 16.1%。企业所有制的分布情况：国有独资 25 家，占 11.5%；国有控股 9 家，占 4.1%；集体独资 26 家，占 12.0%；集体控股 20 家，占 9.2%；私营独资的 52 家，占 24.0%；私营控股的 68 家，占 26.7%；外商独资 12 家，占

5.5%；外商控股 15 家，占 6.9%。行业类型的分布：制造业企业 122 家，占 56.2%；信息产业 95 家，占 43.8%。由此可见，本调研覆盖的企业具有丰富的多样性，且在企业特征的各个方面分布比较均匀，具有较高的代表性。

表 5.2　　　　　　　　大样本的企业统计特征（$N = 217$）

企业统计特征	分类	频次（家）	百分比（%）
成立年限	未满 3 年	19	8.8
	3 ~ 4 年	27	12.4
	5 ~ 8 年	50	23.0
	9 ~ 14 年	80	36.9
	15 ~ 29 年	28	12.9
	30 年及以上	13	6.0
员工数量	少于 100 人	45	20.7
	100 ~ 499 人	76	35.0
	500 ~ 999 人	61	28.1
	1000 人及以上	35	16.1
所有制性质	国有独资	25	11.5
	国有控股	9	4.1
	集体独资	26	12.0
	集体控股	20	9.2
	私营独资	52	24.0
	私营控股	58	26.7
	外商独资	12	5.5
	外商控股	15	6.9
行业类别	制造业	122	56.2
	信息产业	95	43.8

注：百分比数据为四舍五入，小数位后保留一位结果。

5.2.3 变量测量条款评价值的描述性统计

各测量条款在大样本数据中的描述性统计如表 5.3 所示。从表 5.3 可以看到，各条款的均值最小值为 2.81，最大值为 3.50；标准差介于 0.901 ~ 1.316 之间，均大于 0.75；因此，各个条款在不同被调研者之间都可以产生足够大的区分（Bennett & Robinson，2000）。偏度介于 $-0.531 ~ 0.193$ 之间，绝对值小于 3；峰度介于 $-1.232 ~ 0.449$ 之间，绝对值小于 10；因此，各条款的数据近似地服从正态分布（Kline，1998）。

表 5.3　　　　　　　大样本各测量条款的描述统计 （$N = 1085$）

测量条款	样本量	均值	标准差	偏度		峰度	
				统计	标准差	统计	标准差
LD1	1085	2.94	1.131	−0.003	0.074	−0.793	0.148
LD2	1085	2.81	1.087	0.193	0.074	−0.629	0.148
LD3	1085	2.98	1.163	0.020	0.074	−0.708	0.148
LD4	1085	2.82	1.079	0.138	0.074	−0.573	0.148
LD5	1085	3.11	1.188	−0.013	0.074	−0.841	0.148
HD1	1085	3.29	1.003	−0.245	0.074	0.036	0.148
HD2	1085	3.36	0.959	−0.404	0.074	0.084	0.148
HD3	1085	3.21	0.974	−0.339	0.074	−0.261	0.148
HD4	1085	3.28	0.901	−0.531	0.074	0.449	0.148
HD5	1085	3.29	1.076	−0.339	0.074	−0.531	0.148
SN1	1085	3.27	1.062	−0.378	0.074	−0.239	0.148
SN2	1085	3.23	1.031	−0.290	0.074	−0.168	0.148
SN3	1085	3.2	1.172	−0.237	0.074	−0.749	0.148
SN4	1085	3.23	1.085	−0.421	0.074	−0.377	0.148
SN5	1085	3.37	1.009	−0.251	0.074	−0.389	0.148
CN1	1085	3.19	1.055	−0.249	0.074	−0.246	0.148
CN2	1085	3.17	1.122	−0.155	0.074	−0.625	0.148

续表

测量条款	样本量	均值	标准差	偏度		峰度	
				统计	标准差	统计	标准差
CN3	1085	3.18	1.084	−0.293	0.074	−0.715	0.148
CN4	1085	3.50	1.091	−0.379	0.074	−0.759	0.148
CN5	1085	3.29	1.167	−0.305	0.074	−0.751	0.148
RA1	1085	3.03	1.038	0.133	0.074	−0.590	0.148
RA2	1085	3.05	1.027	0.128	0.074	−0.406	0.148
RA3	1085	2.95	1.006	0.069	0.074	−0.373	0.148
RA4	1085	2.88	1.105	0.137	0.074	−0.580	0.148
RA5	1085	3.07	1.042	−0.094	0.074	−0.279	0.148
AQ1	1085	3.28	1.101	−0.340	0.074	−0.515	0.148
AQ2	1085	3.16	1.206	−0.380	0.074	−0.773	0.148
AQ3	1085	3.05	1.296	−0.022	0.074	−1.232	0.148
AQ4	1085	3.17	1.145	−0.357	0.074	−0.810	0.148
AQ5	1085	3.12	1.277	−0.169	0.074	−1.018	0.148
PD1	1085	3.19	1.163	−0.259	0.074	−0.513	0.148
PD2	1085	3.00	1.203	−0.166	0.074	−0.983	0.148
PD3	1085	2.89	1.136	0.075	0.074	−0.812	0.148
PD4	1085	3.24	1.206	−0.230	0.074	−0.777	0.148
PD5	1085	3.31	1.234	−0.331	0.074	−0.828	0.148
PD6	1085	3.21	1.164	−0.417	0.074	−0.696	0.148
PC1	1085	3.16	1.158	−0.498	0.074	−0.662	0.148
PC2	1085	3.14	1.180	−0.340	0.074	−0.916	0.148
PC3	1085	3.15	1.271	−0.289	0.074	−1.035	0.148
PC4	1085	3.07	1.122	−0.429	0.074	−0.648	0.148
PC5	1085	3.20	1.062	−0.317	0.074	−0.288	0.148
BR1	1085	3.12	1.207	−0.273	0.074	−0.831	0.148
BR2	1085	3.09	1.206	−0.227	0.074	−0.915	0.148
BR3	1085	3.16	1.189	−0.217	0.074	−0.798	0.148
BR4	1085	3.03	1.216	−0.025	0.074	−0.916	0.148

测量条款	样本量	均值	标准差	偏度		峰度	
				统计	标准差	统计	标准差
BR5	1085	3.15	1.177	−0.300	0.074	−0.800	0.148
RC1	1085	3.14	1.200	−0.148	0.074	−0.940	0.148
RC2	1085	2.97	1.132	−0.189	0.074	−0.815	0.148
RC3	1085	3.01	1.040	−0.035	0.074	−0.319	0.148
RC4	1085	3.01	1.142	−0.213	0.074	−0.997	0.148
RC5	1085	2.91	1.156	−0.055	0.074	−0.981	0.148
FP1	1085	3.08	1.171	−0.044	0.074	−0.934	0.148
FP2	1085	3.13	1.215	−0.245	0.074	−0.811	0.148
FP3	1085	3.15	1.215	−0.177	0.074	−0.750	0.148
FP4	1085	3.23	1.117	−0.296	0.074	−0.733	0.148
GP1	1085	3.16	1.229	−0.177	0.074	−0.854	0.148
GP2	1085	3.20	1.106	−0.155	0.074	−0.620	0.148
GP3	1085	3.21	1.250	−0.285	0.074	−0.859	0.148
GP4	1085	3.34	1.196	−0.363	0.074	−0.716	0.148
ED1	1085	3.14	1.316	−0.276	0.074	−1.155	0.148
ED2	1085	3.17	1.307	−0.237	0.074	−1.041	0.148
ED3	1085	3.12	1.291	−0.034	0.074	−1.062	0.148
ED4	1085	3.27	1.274	−0.282	0.074	−0.932	0.148
ED5	1085	3.21	1.250	−0.378	0.074	−0.980	0.148
M1	1085	3.14	1.260	−0.134	0.074	−0.991	0.148
M2	1085	3.23	1.291	−0.143	0.074	−1.069	0.148
M3	1085	2.93	1.180	−0.059	0.074	−0.890	0.148
M4	1085	3.08	1.214	−0.097	0.074	−0.846	0.148

5.3 量表质量及变量结构分析

变量测量条款的质量评价主要涉及内容效度、收敛效度、内部信度、聚合信度和区分效度五个方面，其中内容效度主要由理论研究的深度和准确度决定，而后四者可以通过探索性因子分析、CITC 分析和验证性因子分析进行评价（Bagozzi & Phillips，1982；Nunnally，1978）。本研究的测量量表是在广泛而深入的文献回顾和对比分析的基础上开发的，且经过了相关领域专家的反复讨论和修正，在最大程度上保证了其内容效度（Moore & Banbasat，1991）。在接下来的分析中，将会把大样本数据随机地分为两部分，分别是来自 108 家企业的 540 份数据和来自 109 家企业的 545 份数据。第一部分数据用于探索性因子分析和 CITC 分析，以此探索量表中的变量结构和每个变量的测量条款的内部一致性；第二部分数据用于验证性因子分析，以此评价测量条款的收敛效度、聚合信度和区分效度。

5.3.1　探索性因子分析

本研究采用的量表中有成熟量表、修改完善的量表和基于理论和访谈资料开发的新量表，其内部的变量结构可能会与研究设计有所差异，需要先把所有测量条款纳入一个模型使用探索性因子分析明确其内部结构。

5.3.1.1　探索性因子分析的条件

进行探索性因子分析的条款有 68 个，用于分析的数据样本量为 540 个，有效样本量与测量条款数的比为 7.94，满足探索性因子分析的最低要求（Rummel，1988）。分析显示，KMO 值为 0.858，巴特雷（Barrtlett）球形检验的显著性 P 值小于 0.001，非常适合进行探索性因子分析（Kaiser，1974；马庆国，2002）。

5.3.1.2　探索性因子分析的结果

使用主成分分析法提取因子，使用方差最大法进行因子旋转，结果呈现 14 个特征根大于 1 的因子，累计解释方差 65.476%，如表 5.4 所示。从表 5.4 中可以看到，各条款的最大因子负荷均大于 0.5，且不存在自成一个因子或在多个因子上负荷超过 0.5 的情况。同时，所提取的因子与本研究的理论模型相一致，且各条款所在的因子与相应的变量一致，辨别效度良好。这 14 个因子，依量表次序分别为低流动性冗余、高流动性冗余、替代网络冗余、互补网络冗余、资源调整能力、资源获取能力、产品创新能力、流程创新能力、风险承担能力、风险恢复能力、财务绩效、成长绩效、环境动态性、邻域美观度。

表 5.4　前半部分样本探索性因子分析的旋转成分矩阵（$N = 540$）

条款	因子													
	1	2	3	4	5	6	7	8	9	10	11	12	13	14
LD1	0.050	0.031	-0.014	-0.016	-0.082	0.040	-0.003	**0.784**	0.028	0.049	0.047	-0.018	-0.041	-0.025
LD2	0.028	0.103	0.012	-0.080	-0.136	0.037	-0.003	**0.794**	-0.027	0.056	0.019	-0.036	0.023	0.018
LD3	0.065	0.143	-0.001	-0.110	-0.027	-0.026	0.008	**0.762**	-0.032	0.032	0.057	-0.034	-0.022	-0.009
LD4	0.065	0.040	-0.011	-0.039	-0.047	-0.025	0.003	**0.799**	-0.028	-0.008	0.001	-0.046	-0.041	0.013
LD5	0.066	-0.019	-0.111	-0.108	-0.035	-0.042	-0.033	**0.758**	0.030	0.006	0.001	-0.041	0.068	0.010
HD1	0.052	0.031	-0.027	0.113	0.099	**0.783**	0.070	0.019	0.041	0.015	0.035	0.128	0.088	0.002
HD2	0.119	0.031	-0.028	0.130	0.087	**0.766**	0.096	-0.026	0.050	-0.017	0.076	0.041	0.086	0.077
HD3	-0.003	0.091	-0.037	0.128	0.017	**0.781**	0.048	-0.055	0.054	0.030	0.123	0.121	0.075	-0.016
HD4	0.079	0.007	-0.025	-0.022	0.085	**0.773**	0.026	0.050	0.065	-0.013	0.090	0.028	0.071	0.001
HD5	0.082	0.070	-0.056	0.099	0.061	**0.784**	0.086	-0.011	0.081	0.001	0.069	0.108	0.031	-0.037
SN1	**0.819**	0.073	0.083	-0.018	0.013	0.111	0.031	0.081	0.015	0.083	0.070	0.065	0.085	-0.003
SN2	**0.785**	0.074	0.059	0.057	0.147	0.045	0.070	0.035	0.097	0.084	0.054	0.107	0.085	-0.008
SN3	**0.812**	0.087	0.017	0.041	0.074	0.061	0.076	0.083	0.110	0.033	0.115	0.091	0.097	0.003
SN4	**0.796**	0.050	0.009	0.078	0.008	0.050	0.097	0.035	0.095	0.104	0.095	0.080	0.033	0.017
SN5	**0.808**	0.059	0.072	0.057	0.058	0.075	0.084	0.076	0.113	0.062	0.023	0.080	0.070	0.022
CN1	0.092	0.085	-0.022	0.100	0.082	0.017	0.046	0.040	0.026	**0.780**	0.019	0.102	0.045	-0.046
CN2	0.021	0.018	0.023	0.004	0.030	0.025	-0.008	0.045	0.070	**0.773**	0.063	0.100	0.042	-0.044
CN3	0.039	0.106	0.039	0.002	0.028	-0.023	0.061	0.020	0.058	**0.785**	0.048	0.064	0.090	0.047

续表

条款	1	2	3	4	5	6	7	8	9	10	11	12	13	14
CN4	0.115	0.151	0.058	0.044	0.073	-0.031	0.050	0.031	0.070	**0.672**	0.052	0.094	0.115	-0.047
CN5	0.084	0.168	-0.041	0.045	0.114	0.025	0.090	0.000	0.035	**0.735**	0.078	0.052	0.070	0.011
RA1	0.043	0.026	-0.025	0.049	**0.813**	0.066	0.032	-0.085	0.040	0.011	-0.004	0.078	0.054	-0.051
RA2	0.098	0.001	0.000	0.003	**0.805**	0.063	0.013	-0.017	0.017	0.109	0.046	0.012	0.060	0.018
RA3	0.070	0.104	0.026	0.030	**0.778**	0.077	-0.026	-0.112	0.049	0.056	-0.007	0.034	-0.004	-0.038
RA4	0.034	0.068	-0.064	0.009	**0.789**	0.086	0.072	-0.044	0.035	0.086	0.024	0.063	0.022	-0.027
RA5	0.021	0.018	-0.011	0.020	**0.782**	0.040	0.010	-0.073	0.007	0.051	0.025	0.074	0.082	0.046
AQ1	0.106	-0.004	0.053	-0.001	0.044	0.128	0.110	0.017	0.003	0.063	**0.739**	0.000	0.054	-0.006
AQ2	0.089	-0.005	0.029	0.034	0.035	0.001	0.014	0.026	0.024	0.096	**0.721**	0.115	0.039	-0.033
AQ3	-0.011	0.059	0.033	-0.015	0.022	0.114	0.084	0.021	-0.007	0.067	**0.748**	0.011	0.014	0.047
AQ4	0.044	0.045	0.015	0.041	0.009	0.086	0.064	-0.025	0.074	0.046	**0.761**	0.041	0.002	0.050
AQ5	0.087	0.036	-0.034	0.085	-0.027	0.031	0.088	0.086	-0.012	-0.028	**0.743**	0.065	0.068	0.042
PD1	0.016	-0.027	-0.012	**0.713**	0.027	0.022	0.023	-0.064	-0.001	0.144	0.044	0.091	0.026	-0.006
PD2	0.067	0.051	0.046	**0.726**	0.014	0.000	0.042	-0.035	0.089	-0.083	0.056	0.069	0.039	0.024
PD3	0.063	0.014	0.010	**0.728**	0.065	0.068	-0.004	-0.066	0.018	0.033	0.021	0.050	0.010	-0.003
PD4	0.043	0.067	-0.020	**0.781**	0.005	0.119	-0.015	-0.052	0.072	-0.010	0.065	0.012	0.061	-0.040
PD5	0.023	-0.005	0.096	**0.742**	-0.003	0.039	0.059	-0.131	-0.005	0.054	0.001	0.009	0.032	-0.060
PD6	-0.019	0.003	0.014	**0.696**	-0.002	0.149	0.023	0.002	0.020	0.044	-0.038	0.037	0.054	-0.013

因子

续表

条款	因子													
	1	2	3	4	5	6	7	8	9	10	11	12	13	14
PC1	0.061	**0.777**	0.059	-0.004	0.068	0.063	0.033	0.092	0.089	0.099	0.000	0.086	0.089	0.006
PC2	0.053	**0.807**	-0.021	0.027	0.045	0.058	0.050	0.004	-0.002	0.131	0.067	0.018	0.060	-0.008
PC3	0.097	**0.827**	-0.032	0.020	0.032	0.029	0.052	0.061	0.000	0.088	0.016	0.064	0.061	-0.021
PC4	0.039	**0.803**	0.073	0.042	0.008	0.047	-0.007	0.093	0.026	0.114	0.067	0.055	0.006	-0.025
PC5	0.073	**0.782**	0.032	0.017	0.067	0.023	0.027	0.056	-0.042	0.076	-0.008	0.042	0.109	-0.011
BR1	0.098	-0.020	0.014	0.045	-0.001	0.102	0.024	-0.062	**0.752**	0.037	0.007	0.041	0.028	-0.014
BR2	0.074	0.033	0.001	0.039	0.038	0.060	0.073	0.009	**0.794**	0.005	0.021	0.081	0.002	0.004
BR3	0.074	0.029	0.002	0.019	-0.006	0.015	0.070	0.010	**0.778**	0.050	0.025	0.021	0.014	0.075
BR4	0.056	-0.002	0.064	0.078	0.091	0.082	0.045	-0.010	**0.751**	0.069	-0.014	0.044	0.099	-0.049
BR5	0.070	0.023	0.034	0.007	0.024	0.010	0.095	0.027	**0.780**	0.085	0.043	0.019	0.000	0.022
RC1	0.102	0.036	0.006	0.005	-0.029	0.074	**0.814**	0.014	0.035	0.013	0.099	0.068	0.073	-0.037
RC2	0.035	0.062	-0.017	0.047	0.028	0.044	**0.794**	-0.009	0.074	0.065	0.075	-0.027	0.023	-0.022
RC3	0.052	-0.018	-0.059	-0.007	0.065	0.075	**0.745**	-0.026	0.051	0.018	-0.004	0.055	0.075	0.042
RC4	0.047	0.057	-0.008	0.091	0.003	0.050	**0.781**	-0.033	0.070	0.085	0.106	0.065	0.031	-0.029
RC5	0.098	0.019	0.019	-0.003	0.030	0.066	**0.809**	0.030	0.094	0.051	0.111	0.116	0.107	0.025
FP1	0.158	0.069	-0.038	0.074	0.045	0.091	0.107	-0.032	0.082	0.111	0.102	**0.815**	0.179	0.013
FP2	0.135	0.103	-0.026	0.069	0.110	0.113	0.058	-0.043	0.035	0.097	0.026	**0.814**	0.076	0.016
FP3	0.095	0.076	-0.014	0.098	0.058	0.132	0.059	-0.060	0.040	0.129	0.080	**0.812**	0.126	0.032

续表

条款	因子													
	1	2	3	4	5	6	7	8	9	10	11	12	13	14
FP4	0.059	0.048	0.001	0.079	0.088	0.124	0.084	-0.076	0.090	0.136	0.075	**0.808**	0.139	-0.047
GP1	0.066	0.065	-0.022	0.050	0.041	0.108	0.072	0.044	0.058	0.120	0.062	0.143	**0.796**	0.009
GP2	0.139	0.065	0.007	0.098	0.034	0.092	0.080	0.000	0.011	0.128	0.088	0.079	**0.775**	-0.002
GP3	0.093	0.091	-0.036	0.031	0.121	0.123	0.077	-0.046	0.023	0.067	0.049	0.085	**0.708**	0.047
GP4	0.055	0.114	0.042	0.061	0.030	0.028	0.088	-0.014	0.058	0.058	-0.006	0.162	**0.827**	-0.018
ED1	0.012	-0.015	**0.829**	-0.003	0.005	-0.046	-0.001	-0.003	0.029	0.064	0.034	-0.043	-0.032	0.035
ED2	-0.006	-0.004	**0.850**	0.038	-0.034	0.016	-0.017	-0.009	0.010	-0.023	0.013	-0.006	0.001	-0.025
ED3	0.065	0.010	**0.812**	0.032	-0.003	-0.065	0.013	-0.014	-0.030	-0.016	0.043	-0.002	0.021	-0.007
ED4	0.054	0.063	**0.767**	0.036	-0.025	-0.049	0.019	-0.031	0.058	0.031	-0.012	-0.023	-0.008	-0.001
ED5	0.083	0.047	**0.816**	0.028	-0.014	-0.011	-0.083	-0.067	0.044	-0.001	0.019	0.012	0.007	-0.033
M1	0.025	-0.017	0.004	-0.032	-0.017	0.039	0.001	-0.043	-0.012	-0.075	0.020	0.038	0.007	**0.811**
M2	-0.004	0.015	0.019	0.003	0.047	-0.029	-0.003	0.019	-0.006	-0.007	-0.003	0.030	0.070	**0.780**
M3	0.021	-0.011	-0.029	-0.050	-0.083	0.032	0.003	0.053	0.066	0.008	0.010	-0.010	-0.002	**0.817**
M4	-0.014	-0.041	-0.025	-0.012	0.001	-0.017	-0.018	-0.024	-0.007	0.002	0.068	-0.048	-0.046	**0.805**
旋转特征根	3.552	3.445	3.418	3.416	3.358	3.317	3.315	3.198	3.153	3.123	2.955	2.938	2.692	2.645
方差（%）	5.223	5.067	5.026	5.023	4.938	4.878	4.875	4.703	4.636	4.592	4.346	4.320	3.959	3.890
累计方差（%）	5.223	10.29	15.316	20.339	25.277	30.155	35.03	39.733	44.37	48.962	53.307	57.628	61.586	65.476

注：提取方法——主成分；旋转法——具有 Kaiser 标准化的正交旋转法；旋转在 7 次迭代后收敛。

5.3.2 CITC 分析与内部一致性信度检验

各变量的测量条款的内部一致性信度及各条款 CITC 值如表 5.5 所示。从表 5.5 可以看到，所有变量测量量表的 Cronbach's α 均大于 0.7，各条款的 CITC 值均大于 0.4，且不存在删除后可以使 Cronbach's α 增大的条款，因此所有变量的测量量表的内部信度都良好（Farh, Early & Lin, 1997; Nunnally, 1978）。

表 5.5 前半部分样本各变量的测量量表内部一致性信度分析（$N = 540$）

变量	条款	CITC 值	删除该条款后的 Cronbach's α	Cronbach's α
低流动性冗余	LD1	0.656	0.822	0.851
	LD2	0.695	0.813	
	LD3	0.656	0.823	
	LD4	0.674	0.818	
	LD5	0.634	0.829	
高流动性冗余	HD1	0.701	0.835	0.866
	HD2	0.689	0.838	
	HD3	0.704	0.835	
	HD4	0.648	0.849	
	HD5	0.713	0.834	
替代网络冗余	SN1	0.747	0.870	0.895
	SN2	0.729	0.874	
	SN3	0.763	0.867	
	SN4	0.721	0.876	
	SN5	0.750	0.870	

续表

变量	条款	CITC 值	删除该条款后的 Cronbach's α	Cronbach's α
互补网络冗余	CN1	0.679	0.795	0.838
	CN2	0.632	0.808	
	CN3	0.667	0.798	
	CN4	0.588	0.820	
	CN5	0.639	0.806	
资源调整能力	RA1	0.720	0.834	0.869
	RA2	0.698	0.840	
	RA3	0.679	0.844	
	RA4	0.695	0.841	
	RA5	0.671	0.846	
资源获取能力	AQ1	0.620	0.775	0.815
	AQ2	0.575	0.787	
	AQ3	0.609	0.778	
	AQ4	0.624	0.773	
	AQ5	0.601	0.780	
产品创新能力	PD1	0.594	0.815	0.838
	PD2	0.596	0.815	
	PD3	0.607	0.813	
	PD4	0.678	0.798	
	PD5	0.630	0.808	
	PD6	0.575	0.819	
流程创新能力	PC1	0.696	0.856	0.878
	PC2	0.718	0.850	
	PC3	0.744	0.845	
	PC4	0.713	0.852	
	PC5	0.686	0.858	

续表

变量	条款	CITC 值	删除该条款后的 Cronbach's α	Cronbach's α
风险承担能力	BR1	0.627	0.820	0.845
	BR2	0.677	0.806	
	BR3	0.648	0.814	
	BR4	0.642	0.816	
	BR5	0.661	0.810	
风险恢复能力	RC1	0.724	0.831	0.868
	RC2	0.681	0.842	
	RC3	0.620	0.856	
	RC4	0.687	0.840	
	RC5	0.741	0.827	
财务绩效	FP1	0.783	0.851	0.891
	FP2	0.745	0.866	
	FP3	0.760	0.860	
	FP4	0.758	0.860	
成长绩效	GP1	0.689	0.777	0.833
	GP2	0.667	0.786	
	GP3	0.585	0.824	
	GP4	0.714	0.767	
环境动态性	ED1	0.723	0.848	0.878
	ED2	0.746	0.843	
	ED3	0.704	0.853	
	ED4	0.654	0.864	
	ED5	0.717	0.850	
邻域美观度	M1	0.651	0.767	0.819
	M2	0.608	0.789	
	M3	0.664	0.763	
	M4	0.644	0.771	

5.3.3 验证性因子分析

本小节将使用 AMOSS 21.0 软件对后半部分的 545 个数据样本量进行验证性因子分析，以评价各变量的收敛效度、建构信度和区分效度。首先，进行单因子模型和 14 因子模型的比较，结果见表 5.6 所示。从表 5.6 中可以看到，14 因子模型的拟合效果比单因子模型更好。

表 5.6   **单因子模型与 14 因子模型的比较**

模型	χ^2/df	RMR	GFI	AGFI	NFI	IFI	CFI	RMSEA
单因子模型	6.491	0.152	0.469	0.436	0.206	0.235	0.231	0.100
14 因子模型	1.049	0.041	0.899	0.889	0.877	0.993	0.993	0.010

采用 14 因子模型进行验证性因子分析，χ^2/df 值为 1.049，小于 3；RMR 值为 0.041，小于 0.05；GFI 值为 0.899，AGFI 值为 0.889，NFI 值为 0.877，略低于理想值 0.9，但也在可接受范围（Papke-Shields, Malhotra & Grover, 2002）；IFI 值为 0.993，CFI 值为 0.993，大于 0.9；RMSEA 值为 0.010，小于 0.05。由此可见，验证性因子分析的各个拟合指标都满足研究要求（Hair et al. , 2006）。同时，各条款的收敛效度、建构信度以及辨别效度分析结果如表 5.7 所示。

表 5.7   **后半部分样本的验证性因子分析（$N=545$）**

变量	条款	标准化因子负荷（R）	临界比	R^2	CR	AVE
低流动性冗余	LD1	0.701	—	0.491	0.8353	0.5037
	LD2	0.749	15.037	0.561		
	LD3	0.690	14.041	0.476		
	LD4	0.717	14.514	0.514		
	LD5	0.690	14.042	0.476		

变量	条款	标准化因子负荷（R）	临界比	R^2	CR	AVE
高流动性冗余	HD1	0.773	—	0.598	0.8895	0.6172
	HD2	0.761	18.201	0.579		
	HD3	0.805	19.398	0.648		
	HD4	0.761	18.190	0.579		
	HD5	0.826	19.946	0.682		
替代网络冗余	SN1	0.772	—	0.596	0.8825	0.6005
	SN2	0.751	17.663	0.564		
	SN3	0.782	18.445	0.612		
	SN4	0.777	18.327	0.604		
	SN5	0.792	18.720	0.627		
互补网络冗余	CN1	0.719	—	0.517	0.8482	0.5284
	CN2	0.739	15.570	0.546		
	CN3	0.795	16.563	0.632		
	CN4	0.673	14.286	0.453		
	CN5	0.703	14.874	0.494		
资源调整能力	RA1	0.784	—	0.615	0.8764	0.5866
	RA2	0.749	17.762	0.561		
	RA3	0.767	18.229	0.588		
	RA4	0.775	18.458	0.601		
	RA5	0.754	17.883	0.569		
资源获取能力	AQ1	0.695	—	0.483	0.8296	0.4936
	AQ2	0.726	14.488	0.527		
	AQ3	0.660	13.360	0.436		
	AQ4	0.712	14.264	0.507		
	AQ5	0.718	14.356	0.516		

续表

变量	条款	标准化因子负荷（R）	临界比	R^2	CR	AVE
产品创新能力	PD1	0.633	—	0.401	0.8155	0.4254
	PD2	0.584	11.157	0.341		
	PD3	0.662	12.294	0.438		
	PD4	0.729	13.142	0.531		
	PD5	0.627	11.794	0.393		
	PD6	0.669	12.390	0.448		
流程创新能力	PC1	0.755	—	0.570	0.8733	0.5795
	PC2	0.755	17.171	0.570		
	PC3	0.772	17.576	0.596		
	PC4	0.774	17.607	0.599		
	PC5	0.750	17.042	0.563		
风险承担能力	BR1	0.724	—	0.524	0.8548	0.5408
	BR2	0.766	16.275	0.587		
	BR3	0.729	15.554	0.531		
	BR4	0.743	15.828	0.552		
	BR5	0.714	15.272	0.510		
风险恢复能力	RC1	0.782	—	0.612	0.8473	0.5274
	RC2	0.739	16.850	0.546		
	RC3	0.646	14.607	0.417		
	RC4	0.678	15.378	0.460		
	RC5	0.776	17.701	0.602		
财务绩效	FP1	0.822	—	0.676	0.8899	0.6689
	FP2	0.805	20.926	0.648		
	FP3	0.805	20.906	0.648		
	FP4	0.839	22.042	0.704		

续表

变量	条款	标准化因子负荷（R）	临界比	R^2	CR	AVE
成长绩效	GP1	0.799	—	0.638	0.8277	0.5470
	GP2	0.745	16.740	0.555		
	GP3	0.648	14.522	0.420		
	GP4	0.758	17.003	0.575		
环境动态性	ED1	0.804	—	0.646	0.8873	0.6118
	ED2	0.815	20.463	0.664		
	ED3	0.777	19.341	0.604		
	ED4	0.755	18.653	0.570		
	ED5	0.758	18.746	0.575		
邻域美观度	M1	0.713	—	0.508	0.7972	0.4963
	M2	0.674	13.155	0.454		
	M3	0.761	14.196	0.579		
	M4	0.666	13.036	0.444		

（1）收敛效度。从表5.7可以看到，绝大多数条款在公因子上的标准化负荷（R）都超过0.7，没达到该标准的条款中，标准化负荷最小的条款（PD2）也达到了0.584。因此，测量量表的收敛效度较好，整体上可以接受。

（2）建构信度。所有变量的建构信度（CR）基本都大于0.8（除了邻域美观度，其建构信度为0.7972，略小于0.8），平均抽取方差（AVE）也基本都超过0.5（除了资源获取能力、产品创新能力和邻域美观度，其AVE值分别为0.4936、0.4254和0.4963，略小于0.5），因此，测量量表的建构信度较好，整体上可以接受。

（3）辨别效度。通过比较各变量之间的相关系数与各变量的AVE值进行判断：如果每个变量的AVE值都大于相关系数的平方值，则量表具有良好的辨别效度（Fornell & Larcker，1981）。如表5.8所示，表中各行是各个变量的相关系数，对角线上是各变量的AVE值的正二次方根。从表5.8中可以看到，所有变量的相关系数的绝对值均小于对应的AVE的正二次方根，量表中各变量具有良好的辨别效度。

表5.8 后半部分样本辨别效度检验 ($N=545$)

条款	LD	HD	SN	CN	RA	AQ	PD	PC	BR	RC	FP	GP	ED	M
LD	**0.710**													
HD	0.333	**0.786**												
SN	0.076	0.040	**0.775**											
CN	0.120	0.045	0.174	**0.727**										
RA	0.073	0.236	0.132	0.219	**0.766**									
AQ	0.296	0.252	0.178	0.142	0.174	**0.703**								
PD	0.116	0.221	0.168	0.222	0.321	0.177	**0.652**							
PC	0.080	0.192	0.168	0.248	0.205	0.279	0.158	**0.761**						
BR	0.082	0.257	0.145	0.250	0.234	0.274	0.183	0.202	**0.735**					
RC	0.182	0.217	0.075	0.180	0.133	0.173	0.232	0.151	0.222	**0.726**				
FP	0.148	0.316	0.155	0.242	0.336	0.279	0.273	0.272	0.306	0.260	**0.818**			
GP	0.069	0.276	0.177	0.209	0.240	0.232	0.306	0.245	0.217	0.103	0.342	**0.740**		
ED	-0.014	0.100	0.163	-0.077	0.002	-0.008	0.114	0.041	-0.056	0.004	-0.031	-0.032	**0.782**	
M	-0.061	-0.077	-0.066	0.015	0.044	-0.093	-0.015	-0.007	-0.100	-0.089	0.050	0.040	-0.045	**0.704**

注:1. 对角线上是对应变量的 AVE 的正二次方根; 2. LD、HD、SN、CN、RA、AQ、PD、PC、BR、RC、FP、GP、ED 和 M 依次代表低流动性冗余、高流动性冗余、替代网络冗余、互补网络冗余、资源获取能力、资源调整能力、产品创新能力、流程创新能力、风险承担能力、风险恢复能力、财务绩效、成长绩效、环境动态性和邻域美观度,下同。

5.4 共同方法偏差

共同方法偏差是采用同一来源的数据、同样的调查对象、相同的测量环境或其他具有共同特征的方法而造成预测变量与效标变量的数据之间产生虚假的共变，形成系统误差，对研究结论造成潜在的误导（Lindell & Whitney，2001；Williams et al.，2010）。为了避免共同方法偏差的干扰，本研究在调研过程中采用了匿名填写的方式，并向被调查者保证问卷结果仅用于学术研究并不会对他们的任何利益造成损害，同时加入了众多反向条款用于筛选没有认真对待的被调查者。在经过各种程序控制后，下面将采取 Harman 单因素检验法和标签变量法对现有数据中的共同方法偏差的严重程度进行分析和评价。

5.4.1 Harman 单因素检验

对大样本的全部数据进行探索性因子分析，共呈现了 14 个特征根大于 1 的公因子，累计解释方差 64.791%。其中，非旋转的最大的公因子的方差解释量为 13.134%，占所有被解释方差量的 20.27%，不存在一个公因子解释大部分方差的情况。因此，本研究的共同方法偏差问题并不严重。

5.4.2 利用标签变量进行检验

在问卷设计中，本研究加入了一个与其他变量在理论上都不相关的标签变量，即 "邻域美观度"。标签变量与其他变量的相关系数如表 5.9 所示。从表 5.9 可以看到，标签变量与其他 13 个变量的相关系数都不显著。进一步说明，本研究的共同方法偏差问题并不严重，不需要把标签变量纳入后续的研究模型中进一步分析。

| 企业内外资源冗余、动态能力与其绩效之间关系的研究 |

表 5.9 标签变量与其他变量的相关系数 (N = 1085)

条款	LD	HD	SN	CN	RA	AQ	PD	PC	RB	RC	FP	GP	ED	M
LD	1													
HD	0.137**	1												
SN	0.100**	0.122**	1											
CN	0.088**	0.052	0.188**	1										
RA	-0.042	0.203**	0.139**	0.189**	1									
AQ	0.155**	0.220**	0.178**	0.140**	0.109**	1								
PD	-0.037	0.203**	0.131**	0.150**	0.177**	0.118**	1							
PC	0.108**	0.157**	0.177**	0.248**	0.155**	0.173**	0.099**	1						
RB	0.027	0.199**	0.176**	0.188**	0.154**	0.155**	0.135**	0.120**	1					
RC	0.075*	0.194**	0.140**	0.157**	0.101**	0.183**	0.141**	0.120**	0.188**	1				
FP	0.016	0.289**	0.215**	0.247**	0.251**	0.218**	0.214**	0.219**	0.220**	0.220**	1			
GP	0.030	0.243**	0.206**	0.217**	0.187**	0.176**	0.202**	0.219**	0.155**	0.162**	0.330**	1		
ED	-0.033	0.015	0.123**	-0.014	-0.013	0.020	0.081**	0.043	0.007	-0.005	-0.025	-0.012	1	
M	-0.017	-0.029	-0.020	-0.011	0.009	-0.012	-0.027	-0.019	-0.030	-0.038	0.026	0.029	-0.024	1

注：** 表示在 0.01 的水平（双侧）上显著相关；* 表示在 0.05 的水平（双侧）上显著相关。

5.5 企业层面数据

5.5.1 形成企业层面数据的方法

本研究的对象是企业，但调研时填写问卷的是企业中的管理者个体。单个管理者对企业各方面的情况可能并不完全了解，为了更准确地收集企业情况的数据，本研究在每家企业都选择了五位管理者进行调查，分别是总经理和生产、研发、市场以及财务部门的一位熟悉企业情况的管理者。现有研究中比较普遍的做法是对同一企业的个体数据进行平均或加权平均得到企业数据，但是由于本研究的内容跨度比较大，特定部门管理者往往只清楚某一方面的内容而对其他方面的情况并不了解。例如，财务绩效，财务部门管理者对此最为清楚，如果加上其他四个管理者的数据进行平均，反而会降低数据的准确度。因此，本研究采用不同部门管理者的数据测量不同方面的内容，以形成企业层面数据。此外，采取不同来源的数据，还可以进一步避免同源方法偏差对假设检验结果的干扰。

具体来说，风险承担能力、风险恢复能力和成长绩效等内容需要对企业各方面的情况有整体的把握，因此采用总经理的评价数据；低流动性冗余、资源调整能力和资源获取能力等内容主要体现在企业的生产管理环节，因此采用生产部门经理的评价数据；互补网络冗余、产品创新能力、流程创新能力等内容主要体现在企业的研发活动中，因此采用研发部门经理的评价数据；替代网络冗余和环境动态性等内容主要会对企业的市场活动产生影响，因此采用市场部门经理的评价数据；高流动性冗余和财务绩效等内容主要涉及企业的现金流等状况，因此采用财务部门经理的评价数据。

5.5.2 企业数据的统计描述

选择不同部门管理者的评价数据形成企业层面数据后，数据样本量为217 个。企业层面数据中，各变量的测量条款的统计描述如表 5.10 所示。从

表 5.10 可以看到，各条款的均值介于 2.74~3.48 之间；标准差介于 0.875~1.363 之间，均大于 0.75；偏度介于 -0.576~0.228 之间，绝对值均小于 3；峰度介于 -1.242~0.492 之间，绝对值均小于 10；由此可见，各个测量条款数据在不同企业间存在较大的差异，且都近似地基本服从正态分布（Bennett & Robinson，2000；Kline，1998）。

表 5.10　　　　　　企业层面数据测量条款的统计描述（$N=217$）

测量条款	样本量	均值	标准差	偏度		峰度	
				统计	标准差	统计	标准差
LD1	217	2.99	1.067	-0.074	0.165	-0.645	0.329
LD2	217	2.74	1.050	0.228	0.165	-0.562	0.329
LD3	217	2.97	1.132	0.006	0.165	-0.678	0.329
LD4	217	2.80	1.164	0.144	0.165	-0.721	0.329
LD5	217	3.12	1.216	-0.038	0.165	-0.850	0.329
HD1	217	3.31	1.069	-0.332	0.165	-0.104	0.329
HD2	217	3.39	0.875	-0.382	0.165	0.243	0.329
HD3	217	3.23	0.949	-0.443	0.165	-0.281	0.329
HD4	217	3.28	0.906	-0.576	0.165	0.492	0.329
HD5	217	3.33	1.059	-0.295	0.165	-0.591	0.329
SN1	217	3.29	1.006	-0.361	0.165	-0.199	0.329
SN2	217	3.20	1.104	-0.305	0.165	-0.417	0.329
SN3	217	3.19	1.174	-0.313	0.165	-0.672	0.329
SN4	217	3.37	0.959	-0.301	0.165	-0.077	0.329
SN5	217	3.38	1.026	-0.251	0.165	-0.464	0.329
CN1	217	3.20	1.001	-0.155	0.165	0.010	0.329
CN2	217	3.23	1.076	-0.101	0.165	-0.510	0.329
CN3	217	3.21	1.049	-0.327	0.165	-0.540	0.329
CN4	217	3.48	1.102	-0.441	0.165	-0.726	0.329

测量条款	样本量	均值	标准差	偏度		峰度	
				统计	标准差	统计	标准差
CN5	217	3.30	1.163	-0.329	0.165	-0.680	0.329
RA1	217	2.93	1.080	0.161	0.165	-0.587	0.329
RA2	217	3.09	0.994	0.166	0.165	-0.110	0.329
RA3	217	2.83	0.997	0.179	0.165	-0.184	0.329
RA4	217	2.82	1.080	0.119	0.165	-0.590	0.329
RA5	217	3.00	1.056	-0.038	0.165	-0.378	0.329
AQ1	217	3.23	1.080	-0.416	0.165	-0.444	0.329
AQ2	217	2.96	1.190	-0.278	0.165	-0.845	0.329
AQ3	217	2.95	1.297	0.048	0.165	-1.242	0.329
AQ4	217	3.14	1.160	-0.336	0.165	-0.834	0.329
AQ5	217	3.06	1.344	-0.098	0.165	-1.189	0.329
PD1	217	3.21	1.092	-0.313	0.165	-0.244	0.329
PD2	217	3.00	1.169	-0.185	0.165	-0.878	0.329
PD3	217	2.82	1.108	0.105	0.165	-0.757	0.329
PD4	217	3.28	1.216	-0.155	0.165	-0.791	0.329
PD5	217	3.31	1.271	-0.347	0.165	-0.884	0.329
PD6	217	3.22	1.189	-0.420	0.165	-0.786	0.329
PC1	217	3.22	1.230	-0.436	0.165	-0.849	0.329
PC2	217	3.20	1.203	-0.356	0.165	-0.931	0.329
PC3	217	3.08	1.256	-0.229	0.165	-1.134	0.329
PC4	217	3.06	1.137	-0.376	0.165	-0.637	0.329
PC5	217	3.18	1.060	-0.469	0.165	-0.143	0.329
BR1	217	3.36	1.139	-0.429	0.165	-0.453	0.329
BR2	217	3.04	1.140	-0.233	0.165	-0.734	0.329
BR3	217	3.17	1.168	-0.002	0.165	-0.961	0.329

续表

测量条款	样本量	均值	标准差	偏度		峰度	
				统计	标准差	统计	标准差
BR4	217	3.12	1.261	−0.167	0.165	−0.871	0.329
BR5	217	3.22	1.100	−0.343	0.165	−0.607	0.329
RC1	217	3.08	1.193	−0.119	0.165	−1.017	0.329
RC2	217	2.83	1.182	−0.064	0.165	−1.019	0.329
RC3	217	3.03	1.075	0.080	0.165	−0.457	0.329
RC4	217	2.99	1.118	−0.202	0.165	−0.947	0.329
RC5	217	2.94	1.165	−0.175	0.165	−1.069	0.329
FP1	217	3.19	1.177	−0.149	0.165	−0.766	0.329
FP2	217	3.21	1.123	−0.229	0.165	−0.589	0.329
FP3	217	3.12	1.247	−0.235	0.165	−0.854	0.329
FP4	217	3.35	1.234	−0.430	0.165	−0.763	0.329
GP1	217	3.06	1.157	−0.018	0.165	−0.947	0.329
GP2	217	3.07	1.247	−0.132	0.165	−0.857	0.329
GP3	217	3.22	1.203	−0.200	0.165	−0.730	0.329
GP4	217	3.12	1.101	−0.186	0.165	−0.813	0.329
ED1	217	3.15	1.363	−0.347	0.165	−1.193	0.329
ED2	217	3.08	1.347	−0.201	0.165	−1.143	0.329
ED3	217	3.09	1.315	0.047	0.165	−1.089	0.329
ED4	217	3.28	1.208	−0.260	0.165	−0.723	0.329
ED5	217	3.14	1.207	−0.389	0.165	−1.013	0.329

5.5.3 企业数据各变量的信度和效度分析

形成企业后,再次使用CITC分析和验证性因子分析等方法进行信度和效度检验，结果如表 5.11 所示。从表 5.11 可以看到，在内部一致性方面，除了风险承担能力（Cronbach's α = 0.785），其他变量的 Cronbach's α 都大于 0.8。同时，验证性因子分析模型的拟合指标良好：χ^2/df 值 1.234，小于 2；RMR 值为 0.065，小于 0.08；GFI 值为 0.775，AGFI 值为 0.750，NFI 值为 0.719，略小于理想值 0.9；IFI 值为 0.931、CFI 值为 0.929，均大于 0.9；RMSEA 值为 0.033，小于 0.05。大多数条款的标准化因子负荷都大于 0.7；除了风险承担能力（CR = 0.7855），其他变量的组合信度都大于 0.8；大多数变量的平均方差抽取量也都大于 0.5。由此可见，企业层面数据的信度和效度满足研究要求。

表 5.11　　　　企业层面数据的信度、效度分析（N = 217）

变量	条款	标准化因子负荷（R）	Cronbach's α	CR	AVE
低流动性冗余	LD1	0.726	0.832	0.8333	0.5008
	LD2	0.686			
	LD3	0.658			
	LD4	0.779			
	LD5	0.683			
高流动性冗余	HD1	0.771	0.869	0.8702	0.5733
	HD2	0.751			
	HD3	0.727			
	HD4	0.720			
	HD5	0.813			
替代网络冗余	SN1	0.775	0.881	0.8823	0.6004
	SN2	0.798			
	SN3	0.764			
	SN4	0.713			
	SN5	0.820			

变量	条款	标准化因子负荷（R）	Cronbach's α	CR	AVE
互补网络冗余	CN1	0.734	0.835	0.8367	0.5074
	CN2	0.615			
	CN3	0.763			
	CN4	0.697			
	CN5	0.743			
资源调整能力	RA1	0.774	0.876	0.8762	0.5861
	RA2	0.748			
	RA3	0.792			
	RA4	0.766			
	RA5	0.747			
资源获取能力	AQ1	0.658	0.818	0.8200	0.4770
	AQ2	0.700			
	AQ3	0.696			
	AQ4	0.710			
	AQ5	0.688			
产品创新能力	PD1	0.622	0.825	0.8256	0.4421
	PD2	0.606			
	PD3	0.652			
	PD4	0.737			
	PD5	0.680			
	PD6	0.684			
流程创新能力	PC1	0.780	0.879	0.8803	0.5955
	PC2	0.815			
	PC3	0.770			
	PC4	0.734			
	PC5	0.757			

续表

变量	条款	标准化因子负荷（R）	Cronbach's α	CR	AVE
风险承担能力	BR1	0.657	0.785	0.7855	0.4233
	BR2	0.686			
	BR3	0.639			
	BR4	0.664			
	BR5	0.604			
风险恢复能力	RC1	0.718	0.826	0.8279	0.4936
	RC2	0.629			
	RC3	0.627			
	RC4	0.673			
	RC5	0.843			
财务绩效	FP1	0.866	0.902	0.9027	0.6990
	FP2	0.814			
	FP3	0.848			
	FP4	0.815			
成长绩效	GP1	0.822	0.855	0.8589	0.6049
	GP2	0.776			
	GP3	0.679			
	GP4	0.825			
环境动态性	ED1	0.740	0.879	0.8800	0.5959
	ED2	0.867			
	ED3	0.730			
	ED4	0.710			
	ED5	0.802			

拟合度：$\chi^2/df = 1.234$；RMR = 0.065；GFI = 0.775；AGFI = 0.750；NFI = 0.719；IFI = 0.931；CFI = 0.929；RMSEA = 0.033

5.5.4　各变量的相关系数分析

对企业层面数据中各变量的相关系数进行分析，结果如表 5.12 所示。从表 5.12 可以看到，多数变量间都存在显著的相关性，所有相关系数介于 -0.065 ~ 0.361 之间。

表 5.12　企业层面数据各变量的相关系数 ($N = 217$)

条款	LD	HD	SN	CN	RA	AQ	PD	PC	BR	RC	FP	GP	ED
LD	1												
HD	0.152*	1											
SN	0.057	0.136*	1										
CN	0.077	0.033	0.201**	1									
RA	0.054	0.105	0.257**	0.221**	1								
AQ	0.126	0.168*	0.126	0.174*	0.312**	1							
PD	-0.047	0.201**	0.110	0.186**	0.168*	0.186**	1						
PC	-0.010	0.270**	0.183**	0.216**	0.052	0.065	0.143*	1					
BR	-0.015	0.198**	0.204**	0.223**	0.166*	0.139*	0.179**	0.182**	1				
RC	0.179**	0.245**	0.203**	0.187*	0.136*	0.172*	0.223**	-0.002	0.176**	1			
FP	-0.065	0.265**	0.081	0.252**	0.181**	0.260**	0.205**	0.282**	0.288**	0.221**	1		
GP	0.054	0.255**	0.295**	0.258**	0.141*	0.277**	0.285**	0.276**	0.211**	0.183**	0.361**	1	
ED	-0.016	-0.023	0.105	-0.021	-0.014	-0.015	0.015	0.089	0.102	-0.022	0.004	-0.009	1

注：** 表示在 0.01 的水平（双侧）上显著相关；* 表示在 0.05 的水平（双侧）上显著相关。

5.6 控制变量的确认

本研究旨在分析资源冗余对其动态能力和企业绩效的影响，但与此同时，企业的很多其他特征也可能对其动态能力和绩效产生影响。在调研过程中，对企业的年龄、规模、所有制和行业类型都进行了记录，下面将对这些企业特征进行统计检验，以判断其对研究结论的潜在影响。

5.6.1 企业年龄的影响

本研究对企业年龄由小到大分为未满 3 年、3～4 年、5～8 年、9～14 年、15～29 年和 30 年及以上六类，依次编码为 1、2、3、4、5、6，可以作为分类变量进行单因素方差分析，结果如表 5.13 所示。此外，在进行均值差异检验前，需要进行方差齐性检验，结果亦如表 5.13 所示。从表 5.13 可以看到，各个研究变量在企业年龄的各个组别中都是方差齐性的，适合进行方差分析；同时，所有研究变量在不同组别中的差异都不显著。因此，本研究在后续分析中，不需要把企业年龄作为控制变量。

表 5.13　企业年龄与各研究变量的单因素方差分析

研究变量	方差齐性			均值差异		
	F 值	显著性	是否齐次	F 值	显著性	是否显著
产品创新能力	1.281	0.273	是	1.161	0.329	否
流程创新能力	0.263	0.933	是	0.800	0.551	否
风险承担能力	1.141	0.340	是	1.496	0.193	否
风险恢复能力	1.637	0.151	是	1.986	0.082	否
财务绩效	0.306	0.909	是	0.254	0.937	否
成长绩效	0.956	0.446	是	1.059	0.384	否

5.6.2 企业规模的影响

本研究对企业规模按员工数量分为少于 100 人、100～499 人、500～999 人、1000 人及以上四类，依次编码为 1、2、3、4，可以作为分类变量进行单因素方差分析，结果如表 5.14 所示。在进行均值差异检验前，进行了方差齐性检验。从表 5.14 可以看到，各个研究变量在企业规模的各个组别中都是方差齐性的，适合进行方差分析；同时，所有研究变量在企业规模的不同组别中的差异并不显著。因此，本研究在后续分析中，不需要把企业规模作为控制变量。

表 5.14   企业规模与各研究变量的单因素方差分析

研究变量	方差齐性			均值差异		
	F 值	显著性	是否齐次	F 值	显著性	是否显著
产品创新能力	1.043	0.375	是	0.217	0.885	否
流程创新能力	0.111	0.954	是	0.189	0.904	否
风险承担能力	0.591	0.622	是	0.260	0.854	否
风险恢复能力	0.482	0.695	是	1.608	0.189	否
财务绩效	0.866	0.459	是	0.228	0.877	否
成长绩效	1.869	0.136	是	0.511	0.675	否

5.6.3 企业所有制的影响

本研究对企业的所有制按照企业股权结构划分为国有独资、国有控股、集体独资、集体控股、私营独资、私营控股、外商独资、外商控股八类，可以作为分类变量进行单因素方差分析，结果如表 5.15。在进行均值差异检验前，进行了方差齐性检验。从表 5.15 可以看到，各个研究变量在企业所有制的各个组别中都是方差齐性的，适合进行方差分析；同时，所有研究变量在企业所有制的不同组别中的差异并不显著。因此，本研究在后续分析中，不需要把企业所有制作为控制变量。

表 5.15   企业所有制与各研究变量的单因素方差分析

研究变量	方差齐性			均值差异		
	F 值	显著性	是否齐次	F 值	显著性	是否显著
产品创新能力	0.532	0.810	是	1.379	0.215	否
流程创新能力	1.657	0.121	是	0.414	0.893	否
风险承担能力	1.036	0.407	是	1.684	0.114	否
风险恢复能力	0.938	0.478	是	0.911	0.499	否
财务绩效	0.269	0.965	是	1.200	0.304	否
成长绩效	1.236	0.284	是	1.137	0.341	否

5.6.4   企业行业类型的影响

本研究根据企业的主营业务划分为制造业和信息产业两类，可以作为二分类变量进行独立样本 t 检验，结果如表 5.16 所示。在进行均值差异检验前，进行了方差齐性检验，并据此选择对应的检验方法和结果。从表 5.16 可以看出，风险承担能力和成长绩效在不同行业中存在显著差异；产品创新能力和流程创新能力在不同行业中的差异虽然不显著，但也接近 0.05 的显著水平；而风险恢复能力和财务绩效在不同行业中的差异并不显著。

表 5.16   企业行业类型对各研究变量的独立样本 t 检验

研究变量	方差方程的 Levene 检验			均值差异		
	F 值	显著性	是否齐次	t 值	显著性	是否显著
产品创新能力	0.020	0.887	是	−1.584	0.115	否
流程创新能力	0.064	0.800	是	−1.677	0.095	否
风险承担能力	6.076	0.014	否	3.063	0.003	是
风险恢复能力	0.742	0.390	是	1.788	0.075	否
财务绩效	0.348	0.556	是	−1.144	0.254	否
成长绩效	0.868	0.353	是	−1.993	0.048	是

进一步分析各个研究变量在不同行业的均值，结果如表 5.17 所示。从表 5.17 可以看到，制造业的风险承担能力均值为 3.34，显著高于信息产业

的均值 2.98；制造业企业的成长绩效均值为 3.00，显著低于信息产业的均值 3.27；此外，其他变量的均值在不同行业间也有较大的差异。因此，本研究在后续分析中，把企业的行业类型作为控制变量。

表 5.17　　　　　　　　　各研究变量在不同行业间的均值差异

变量	行业	样本量（家）	均值	标准差
产品创新能力	制造业	122	3.06	0.848
	信息产业	95	3.25	0.865
流程创新能力	制造业	122	3.05	0.950
	信息产业	95	3.27	0.982
风险承担能力	制造业	122	3.34	0.769
	信息产业	95	2.98	0.915
风险恢复能力	制造业	122	3.07	0.859
	信息产业	95	2.85	0.899
财务绩效	制造业	122	3.14	1.065
	信息产业	95	3.31	1.032
成长绩效	制造业	122	3.00	0.994
	信息产业	95	3.27	0.955

5.7　本章小结

本章首先详细介绍了本研究的调研过程和问卷筛选原则；其次，汇报了调研样本的描述性统计特征，包括被调查者的个体特征和企业特征，并对所有测量条款进行了描述性统计分析；再次，通过探索性因子分析对数据的变量结构做了分析，通过 CITC 分析检验了各个变量测量条款的内部一致性，通过验证性因子分析对测量量表的收敛效度、聚合效度、区分效度进行了检验；然后，通过 Harman 单因素检验和标签变量方法对数据中可能存在的共同方法偏差进行了分析；此外，把个体数据聚合为企业层面数据，并再次简要分析了聚合后数据的信度和效度；最后，分析了各种企业特征对研究变量的影响，确认了后续分析需要进行控制的变量。

| 第6章 |

假 设 检 验

本章将使用调研数据依次对三个子研究提出的研究假设进行检验。首先，检验资源动态能力、风险动态能力与技术动态能力之间的关系；然后，检验资源冗余、风险动态能力与企业绩效之间的关系；最后，检验资源冗余、技术动态能力与企业绩效之间的关系。

6.1 资源动态能力、风险动态能力与技术动态能力之间的关系检验

研究一基于"资源动态能力—风险动态能力—技术动态能力"的逻辑链条进行了理论探讨，并提出了相应的假设。本节将使用结构方程模型方法，对模型中的各个回归路径进行检验，然后使用 Sobel 检验进一步判断中介效应是否显著（Baron & Kenny，1986；温忠麟等，2004），然后使用多群组结构方程模型分析控制变量对主作用关系的影响，最后对假设检验结果进行汇总和讨论。

6.1.1　中介效应检验

6.1.1.1　完全中介模型 M1

首先，建立完全中介模型 M1，如图 6.1 所示，分析结果如表 6.1 所示。从表 6.1 可以看到，模型的各项拟合指标良好：χ^2/df 值为 1.155，小于 2；GFI 值为 0.876，略低于理想值 0.9，可能原因是样本量偏小；IFI 值为 0.974、TFI 值为 0.971、CFI 值为 0.973，均大于 0.9；RMSEA 值为 0.027，小于 0.05。

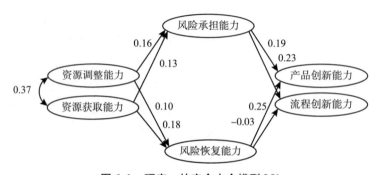

图 6.1　研究一的完全中介模型 M1

表 6.1　　　　　　　　　研究一的完全中介模型 M1

回归路径	回归系数		标准误	临界比	P 值
	标准化	非标准化			
风险承担能力←资源调整能力	0.165	0.145	0.079	1.832	0.067
风险恢复能力←资源调整能力	0.101	0.105	0.089	1.176	0.240
风险承担能力←资源获取能力	0.132	0.136	0.095	1.424	0.154
风险恢复能力←资源获取能力	0.180	0.220	0.110	2.001	0.045
产品创新能力←风险承担能力	0.192	0.177	0.078	2.267	0.023
流程创新能力←风险承担能力	0.230	0.298	0.109	2.744	0.006
产品创新能力←风险恢复能力	0.254	0.198	0.065	3.046	0.002
流程创新能力←风险恢复能力	−0.028	−0.031	0.085	−0.368	0.713

拟合度：$\chi^2/df = 1.155$；GFI = 0.876；IFI = 0.974；TFI = 0.971；CFI = 0.973；RMSEA = 0.027

从标准化回归系数及其显著性来看，资源调整能力对风险承担能力和风险恢复能力的影响都不显著；资源获取能力对风险承担能力的影响不显著，对风险恢复能力有显著的正向影响；风险承担能力对产品创新能力和流程创新能力都有显著的正向影响；风险恢复能力对产品创新能力有显著的正向影响，对流程创新能力的影响不显著。

6.1.1.2　部分中介模型 M2

资源调整能力和资源获取能力在通过促进风险承担能力和风险恢复能力作用于产品创新能力和流程创新能力的同时，也可能会对其产生直接影响。因此，建立部分中介模型 M2，如图 6.2 所示，分析结果如表 6.2 所示。从表 6.2 可以看到，模型的各项拟合指标良好：χ^2/df 值为 1.153，小于 2；GFI 值为 0.878，略低于理想值 0.9；IFI 值为 0.974、TFI 值为 0.971、CFI 值为 0.974，均大于 0.9；RMSEA 值为 0.027，小于 0.05。

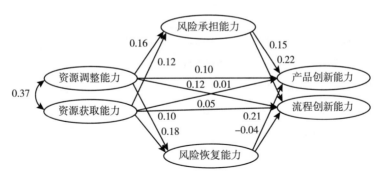

图 6.2　研究一的部分中介模型 M2

表 6.2　　　　　　　　　研究一的部分中介模型 M2

回归路径	回归系数		标准误	临界比	P 值
	标准化	非标准化			
风险承担能力←资源调整能力	0.160	0.141	0.080	1.777	0.076
风险恢复能力←资源调整能力	0.098	0.102	0.089	1.137	0.256
风险承担能力←资源获取能力	0.124	0.127	0.095	1.336	0.181
风险恢复能力←资源获取能力	0.175	0.212	0.109	1.943	0.052

续表

回归路径	回归系数		标准误	临界比	P值
	标准化	非标准化			
产品创新能力←风险承担能力	0.146	0.134	0.078	1.714	0.086
流程创新能力←风险承担能力	0.216	0.280	0.112	2.508	0.012
产品创新能力←风险恢复能力	0.214	0.166	0.065	2.562	0.010
流程创新能力←风险恢复能力	-0.042	-0.046	0.088	-0.523	0.601
产品创新能力←资源调整能力	0.099	0.080	0.070	1.147	0.251
流程创新能力←资源调整能力	0.010	0.011	0.098	0.117	0.907
产品创新能力←资源获取能力	0.119	0.112	0.084	1.321	0.186
流程创新能力←资源获取能力	0.054	0.072	0.118	0.612	0.541

拟合度：$\chi^2/df = 1.153$；GFI = 0.878；IFI = 0.974；TFI = 0.971；CFI = 0.974；RMSEA = 0.027

从标准化回归系数及其显著性来看，资源调整能力对风险承担能力和风险恢复能力的影响都不显著；资源获取能力对风险承担能力和风险恢复能力的影响都不显著；风险承担能力对产品创新能力的影响不显著，对流程创新能力有显著的正向影响；风险恢复能力对产品创新能力有显著的正向影响，对流程创新能力的影响不显著；资源调整能力和资源获取能力对产品创新能力和流程创新能力的直接影响都不显著。

6.1.1.3 修正模型 M3

依次将部分中介模型 M2 中不显著的回归路径删除，直至所有的回归路径都显著，得到修正模型 M3，结果如图 6.3 和表 6.3 所示。从表 6.3 可以看到，模型的各项拟合指标良好：χ^2/df 值为 1.155，小于 2；GFI 值为 0.876，略低于理想值 0.9；IFI 值为 0.973、TFI 值为 0.971、CFI 值为 0.973，均大于 0.9；RMSEA 值为 0.027，小于 0.05。

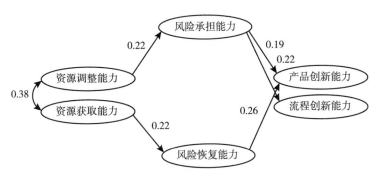

图 6.3　研究一的修正模型 M3

表 6.3 研究一的修正模型 M3

回归路径	回归系数		标准误	临界比	P 值
	标准化	非标准化			
风险承担能力←资源调整能力	0.217	0.191	0.073	2.605	0.009
风险恢复能力←资源获取能力	0.222	0.272	0.102	2.663	0.008
产品创新能力←风险承担能力	0.189	0.175	0.078	2.238	0.025
流程创新能力←风险承担能力	0.223	0.291	0.109	2.675	0.007
产品创新能力←风险恢复能力	0.256	0.199	0.065	3.062	0.002

拟合度：$\chi^2/df = 1.155$；GFI = 0.876；IFI = 0.973；TFI = 0.971；CFI = 0.973；RMSEA = 0.027

　　从标准化回归系数及其显著性来看，资源调整能力对风险承担能力有显著的正向影响；资源获取能力对风险恢复能力有显著的正向影响；风险承担能力对产品创新能力和流程创新能力都有显著的正向影响；风险恢复能力对产品创新能力有显著的正向影响。

　　为了获得最优的拟合效果，将 M1、M2、M3 这三个模型的整体适配度检验指标汇总，如表 6.4 所示。从表 6.4 可以看到，三个模型的拟合效果都达到了基本要求，且彼此间差异不是很大。根据简约原则，选择修正模型 M3 作为最优模型进行后续分析。

表 6.4 　　　　　　　　　　研究一模型比较

拟合指标	χ^2/df	GFI	IFI	TFI	CFI	RMSEA
完全中介模型 M1	1.155	0.876	0.974	0.971	0.973	0.027
部分中介模型 M2	1.153	0.878	0.974	0.971	0.974	0.027
修正模型 M3	1.155	0.876	0.973	0.971	0.973	0.027

6.1.1.4　Sobel 检验

确定最佳拟合模型 M3 后，需要进一步使用 Sobel 检验对其中的中介路径进行检验：若 z 值的绝对值大于 1.645，则显著性 P < 0.1；若 z 值的绝对值大于 1.95，则显著性 P < 0.05；若 z 值的绝对值大于 2.58，则显著性 P < 0.01（温忠麟等，2004）。模型 M3 中需要检验的中介路径共有 3 条，检验结果如表 6.5 所示。从表 6.5 可以看到，两条中介路径的 Sobel 检验 z 值大于 1.645，显著性 P < 0.1；1 条中介路径的 Sobel 检验 z 值大于 1.95，显著性 P < 0.05。由此可见，风险承担能力在资源调整能力与产品创新能力之间有显著的中介作用，风险承担能力在资源调整能力与流程创新能力之间有显著的中介作用，风险恢复能力在资源获取能力与产品创新能力之间有显著的中介作用。

表 6.5 　　　　　　　　　研究一 Sobel 检验结果

中介路径	Sobel 检验 z 值	显著性水平
资源调整能力—风险承担能力—产品创新能力	1.703	0.1
资源调整能力—风险承担能力—流程创新能力	1.869	0.1
资源获取能力—风险恢复能力—产品创新能力	2.011	0.05

6.1.1.5　数据分析结果汇总

在以上数据分析的基础上，就自变量对中介变量的影响、自变量和中介变量对因变量的影响进行汇总，结果如表 6.6 和表 6.7 所示。

表6.6   研究一自变量对中介变量的影响

变量	风险承担能力	风险恢复能力
资源调整能力	0.217	—
资源获取能力	—	0.222

表6.7   研究一自变量和中介变量对因变量的影响

变量	产品创新能力			流程创新能力		
	直接影响	间接影响	总体影响	直接影响	间接影响	总体影响
风险承担能力	0.189	—	0.189	0.223	—	0.223
风险恢复能力	0.256	—	0.256	—	—	—
资源调整能力	—	0.041	0.041	—	0.048	0.048
资源获取能力	—	0.057	0.057	—	—	—

从表6.6可以看到，资源调整能力对风险承担能力有显著的正向影响，对风险恢复能力的影响不显著；资源获取能力对风险承担能力的影响不显著，对风险恢复能力有显著的正向影响。

从表6.7可以看到，风险承担能力对产品创新能力和流程创新能力都有显著的正向影响；风险恢复能力对产品创新能力有显著的正向影响，对流程创新能力的影响不显著。

同时，资源调整能力对产品创新能力的直接影响不显著，通过促进企业风险承担能力对其产品创新能力有显著的正向的间接影响；资源调整能力对流程创新能力的直接影响不显著，通过促进企业风险承担能力对其流程创新能力有显著的正向的间接影响；资源获取能力对产品创新能力的直接影响不显著，通过促进企业风险恢复能力对其产品创新能力有显著的正向的间接影响；资源获取能力对流程创新能力的直接影响和间接影响都不显著。

6.1.2　控制变量的影响分析

在上一章的分析中，发现行业类型可能会对企业的动态能力和绩效等变量产生显著的影响，需要作为控制变量分析其对主作用关系的影响。本研究主要调研了制造业和信息产业这两种行业，数据样本量分别为 122 个和 95 个；拆分行业后样本量较小，但也能满足数据分析的最低要求（Bentler & Chou，1987；张世琪，2012）。按行业类型对企业进行分组后，下面将使用 AMOS 21.0 对两组样本进行多群组结构方程模型分析。

6.1.2.1 多群组结构方程模型比较

基于不同的限制条件，本研究进行了多群组结构方程模型比较，结果如表 6.8 所示。从表 6.8 可以看到，未限制参数模型、因素负荷相等模型和路径系数相等模型的 χ^2/df 值均小于 2；GFI 值均略小于 0.9 的理想标准，可能原因是样本量较小；IFI 值、TLI 值和 CFI 值均大于 0.9，RMSEA 值均小于 0.05。因此，三个模型的拟合程度都可接受，但相比较而言，路径系数相等模型的各项指标更好一点。同时，各个模型的 AIC 值和 BCC 值相差不大，相比较而言，路径系数相等模型最小，优于其他两个模型。因此，行业类型对修正模型 M3 中各个回归路径的影响还需要进一步分析。

表 6.8　　　　　　　　　　　研究一多群组结构方程模型比较

模型	χ^2/df	GFI	IFI	TLI	CFI	RMSEA	AIC	BCC
未限制参数模型	1.207	0.785	0.932	0.924	0.930	0.031	1305.353	1424.529
因素负荷相等模型	1.200	0.782	0.932	0.926	0.930	0.031	1279.429	1376.697
路径系数相等模型	1.196	0.781	0.933	0.928	0.931	0.030	1271.595	1364.482

6.1.2.2 行业间差异分析

根据荣泰生（2009）与吴明隆（2016）的方法，本研究采取多群组结构方程分析技术分别对制造业和信息产业样本进行结构方程模型分析，并计算各个回归路径在不同组别中回归系数差异的临界比值，以此判断组别间的差异是否显著，结果如表 6.9 所示。其中，以临界比的绝对值是否大于 1.96（即 P 值是否小于 0.05）作为路径差异是否显著的判断标准。

表 6.9 研究一行业间差异分析

回归路径	标准化回归系数		P 值		检验结果		组间回归系数差异	
	制造业	互联网	制造业	互联网	制造业	互联网	临界比	是否显著
风险承担能力←资源调整能力	0.136	0.330	0.229	0.010	正向不显著	正向显著	1.379	否
风险恢复能力←资源获取能力	0.251	0.156	0.025	0.208	正向显著	正向不显著	-0.671	否
产品创新能力←风险承担能力	0.165	0.317	0.155	0.015	正向不显著	正向显著	0.690	否
流程创新能力←风险承担能力	0.245	0.268	0.034	0.033	正向显著	正向显著	0.047	否
产品创新能力←风险恢复能力	0.233	0.307	0.039	0.013	正向显著	正向显著	0.708	否

制造业拟合指标：$\chi^2/df = 1.087$；GFI $= 0.813$；IFI $= 0.972$；TLI $= 0.969$；CFI $= 0.971$；RMSEA $= 0.027$

互联网拟合指标：$\chi^2/df = 1.327$；GFI $= 0.752$；IFI $= 0.891$；TLI $= 0.878$；CFI $= 0.888$；RMSEA $= 0.059$

从表6.9可以看到，两个行业样本组的结构方程模型拟合效果都比较理想，其中部分回归路径系数的显著性有所不同，但所有回归路径系数的组间差异的临界比的绝对值都小于1.96，回归路径系数的组间差异都不显著。此外，虽然以"风险承担能力←资源调整能力"为代表的部分路径在某一组中回归系数显著而在另一组中回归系数不显著，但所有路径回归系数的正负都是一致的；由于拆分不同行业组别后每组中样本量较小，可能对假设检验结果的显著性产生影响。因此，本研究不认为各个回归路径系数在不同行业间存在显著的差异。

6.1.3 假设检验结果与讨论

根据表6.6和表6.7所汇总的变量间关系，可以得到以下假设检验结果，如表6.10所示。

表6.10   研究一假设检验结果

编号	假设内容	结果
假设1a	资源调整能力对风险承担能力有正向影响	支持
假设1b	资源调整能力对风险恢复能力有正向影响	不支持
假设2a	资源获取能力对风险承担能力有正向影响	不支持
假设2b	资源获取能力对风险恢复能力有正向影响	支持
假设3a	风险承担能力对产品创新能力有正向影响	支持
假设3b	风险承担能力对流程创新能力有正向影响	支持
假设4a	风险恢复能力对产品创新能力有正向影响	支持
假设4b	风险恢复能力对流程创新能力有正向影响	不支持

从表6.10可以看到，资源调整能力和资源获取能力对企业风险承担能力和风险恢复能力的作用是不同的。资源调整能力对企业的风险承担能力有显著的正向影响，但是对风险恢复能力的影响并不显著；与之相对的是，资源获取能力对企业的风险承担能力的影响不显著，对其风险恢复能力却有显著的正向影响。由此可见，通过对内部资源的调整和重新利用，可以为企业缓

冲风险的冲击，但是企业要想获得新的发展则应努力从外部获取新的技术、知识等资源支持。

同时，风险承担能力对产品创新能力和流程创新能力都有显著的正向影响；而风险恢复能力只对产品创新能力有显著的正向影响，对流程创新能力的影响不显著。流程创新的难度比较大，研发投入大，研发周期也比较长，可能受到很多其他因素的影响。例如，组织前期技术的积累，风险恢复能力对其的影响还需要进一步探讨。

此外，本研究还发现了风险承担能力在资源调整能力与产品创新能力之间有显著的中介作用，风险承担能力在资源调整能力与流程创新能力之间有显著的中介作用，风险恢复能力在资源获取能力与产品创新能力之间有显著的中介作用。

6.2 资源冗余、风险动态能力与企业绩效之间的关系检验

研究二基于"资源冗余—风险动态能力—企业绩效"的逻辑链条进行了理论探讨，并提出了相应的假设。本节首先使用结构方程模型方法，对模型中的各个回归路径进行检验，其次使用 Sobel 检验进一步判断中介效应是否显著（Baron & Kenny，1986；温忠麟等，2004），再次使用多群组结构方程模型分析控制变量对主作用关系的影响，最后使用结构方程模型方法对环境动态性的调节效应进行检验，最后对假设检验结果进行汇总和讨论。

6.2.1 中介效应检验

6.2.1.1 完全中介模型 M1

首先，建立完全中介模型 M1，如图 6.4 所示，分析结果如表 6.11 所示。从表 6.11 可以看到，模型的各项拟合指标良好：χ^2/df 值为 1.210，小于 2；GFI 值为 0.850，略低于理想值 0.9，主要原因可能是样本量偏小；IFI 值为 0.962、TFI 值为 0.958、CFI 值为 0.961，均大于 0.9；RMSEA 值为 0.031，小于 0.05。

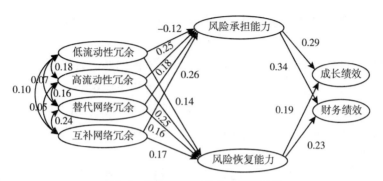

图 6.4　研究二的完全中介模型 M1

表 6.11　　　　　　　　　　　　研究二的完全中介模型 M1

回归路径	回归系数		标准误	临界比	P 值
	标准化	非标准化			
风险承担能力←低流动性冗余	−0.117	−0.112	0.077	−1.454	0.146
风险恢复能力←低流动性冗余	0.145	0.162	0.087	1.858	0.063
风险承担能力←高流动性冗余	0.253	0.229	0.075	3.061	0.002
风险恢复能力←高流动性冗余	0.254	0.267	0.083	3.221	0.001
风险承担能力←替代网络冗余	0.182	0.174	0.078	2.227	0.026
风险恢复能力←替代网络冗余	0.156	0.174	0.087	2.004	0.045
风险承担能力←互补网络冗余	0.260	0.261	0.086	3.043	0.002
风险恢复能力←互补网络冗余	0.173	0.203	0.093	2.189	0.029
成长绩效←风险承担能力	0.288	0.372	0.109	3.424	***
财务绩效←风险承担能力	0.343	0.471	0.113	4.161	***
成长绩效←风险恢复能力	0.195	0.215	0.086	2.491	0.013
财务绩效←风险恢复能力	0.226	0.267	0.088	3.013	0.003

拟合度：$\chi^2/df = 1.210$；GFI = 0.850；IFI = 0.962；TFI = 0.958；CFI = 0.961；RMSEA = 0.031

从标准化回归系数及其显著性来看，低流动性冗余对风险承担能力和风险恢复能力的影响都不显著，高流动性冗余对风险承担能力和风险恢复能力都有显著的正向影响，替代网络冗余对风险承担能力和风险恢复能力都有显著的正向影响，互补网络冗余对风险承担能力和风险恢复能力都有显著的正向影响。

同时，风险承担能力对成长绩效和财务绩效都有显著的正向影响，风险恢复能力对成长绩效和财务绩效都有显著的正向影响。

6.2.1.2 部分中介模型 M2

资源冗余在通过风险承担能力作用于企业绩效的同时，也可能对企业绩效产生直接影响。因此，建立部分中介模型 M2，如图 6.5 所示，分析结果如表 6.12 所示。从表 6.12 可以看到，模型的各项拟合指标良好：χ^2/df 值为 1.159，小于 2；GFI 值为 0.858，略低于理想值 0.9；IFI 值为 0.972、TFI 值为 0.968、CFI 值为 0.971，均大于 0.9；RMSEA 值为 0.027，小于 0.05。

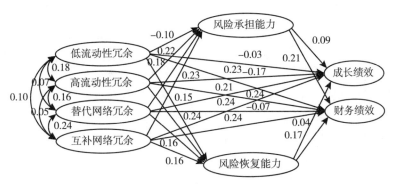

图 6.5　研究二的部分中介模型 M2

表 6.12　　　　　　　　　研究二的部分中介模型 M2

回归路径	回归系数		标准误	临界比	P 值
	标准化	非标准化			
风险承担能力←低流动性冗余	-0.098	-0.095	0.079	-1.202	0.229
风险恢复能力←低流动性冗余	0.151	0.169	0.088	1.924	0.054
风险承担能力←高流动性冗余	0.223	0.201	0.075	2.678	0.007
风险恢复能力←高流动性冗余	0.241	0.253	0.083	3.056	0.002
风险承担能力←替代网络冗余	0.179	0.173	0.080	2.166	0.030
风险恢复能力←替代网络冗余	0.155	0.173	0.087	1.991	0.046

回归路径	回归系数		标准误	临界比	P 值
	标准化	非标准化			
风险承担能力←互补网络冗余	0.228	0.231	0.087	2.662	0.008
风险恢复能力←互补网络冗余	0.160	0.188	0.093	2.013	0.044
成长绩效←风险承担能力	0.089	0.114	0.107	1.062	0.288
财务绩效←风险承担能力	0.208	0.283	0.114	2.489	0.013
成长绩效←风险恢复能力	0.039	0.043	0.089	0.482	0.630
财务绩效←风险恢复能力	0.168	0.198	0.094	2.112	0.035
成长绩效←低流动性冗余	−0.032	−0.040	0.093	−0.424	0.672
财务绩效←低流动性冗余	−0.168	−0.221	0.098	−2.247	0.025
成长绩效←高流动性冗余	0.233	0.270	0.093	2.913	0.004
财务绩效←高流动性冗余	0.237	0.292	0.096	3.041	0.002
成长绩效←替代网络冗余	0.212	0.262	0.095	2.743	0.006
财务绩效←替代网络冗余	−0.068	−0.089	0.097	−0.912	0.362
成长绩效←互补网络冗余	0.241	0.313	0.105	2.981	0.003
财务绩效←互补网络冗余	0.239	0.331	0.109	3.040	0.002

拟合度：$\chi^2/df = 1.159$；$GFI = 0.858$；$IFI = 0.972$；$TFI = 0.968$；$CFI = 0.971$；$RMSEA = 0.027$

从标准化回归系数及其显著性来看，低流动性冗余对风险承担能力和风险恢复能力的影响都不显著，高流动性冗余对风险承担能力和风险恢复能力都有显著的正向影响，替代网络冗余对风险承担能力和风险恢复能力都有显著的正向影响，互补网络冗余对风险承担能力和风险恢复能力都有显著的正向影响。

同时，风险承担能力对成长绩效的影响不显著，对财务绩效有显著的正向影响；风险恢复能力对成长绩效的影响不显著，对财务绩效有显著的正向影响。

此外，低流动性冗余对成长绩效的直接影响不显著，对财务绩效有显著的负向的直接影响；高流动性冗余对成长绩效和财务绩效都有显著的正向的直接影响；替代网络冗余对成长绩效有显著的正向的直接影响，对财务绩效的直接影响不显著；互补网络冗余对成长绩效和财务绩效都有显著的正向的直接影响。

6.2.1.3 修正模型 M3

依次将部分中介模型 M2 中不显著的回归路径删除，直至所有的回归路径都显著，得到修正模型 M3，如图 6.6 所示，分析结果如表 6.13 所示。从表 6.13 可以看到，模型的各项拟合指标良好：χ^2/df 值为 1.156，小于 2；GFI 值为 0.857，略低于理想值 0.9；IFI 值为 0.972、TFI 值为 0.969、CFI 值为 0.971，均大于 0.9；RMSEA 值为 0.027，小于 0.05。

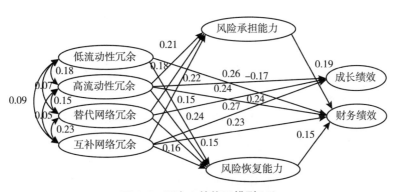

图 6.6 研究二的修正模型 **M3**

表 6.13　　　　　　　　　　研究二的修正模型 **M3**

回归路径	回归系数		标准误	临界比	P 值
	标准化	非标准化			
风险恢复能力←低流动性冗余	0.153	0.172	0.088	1.958	0.050
风险承担能力←高流动性冗余	0.207	0.188	0.074	2.550	0.011
风险恢复能力←高流动性冗余	0.243	0.254	0.083	3.079	0.002
风险承担能力←替代网络冗余	0.176	0.169	0.080	2.124	0.034
风险恢复能力←替代网络冗余	0.155	0.172	0.087	1.986	0.047
风险承担能力←互补网络冗余	0.224	0.228	0.086	2.635	0.008
风险恢复能力←互补网络冗余	0.162	0.190	0.093	2.046	0.041

续表

回归路径	回归系数		标准误	临界比	P 值
	标准化	非标准化			
财务绩效←风险承担能力	0.188	0.256	0.110	2.323	0.020
财务绩效←风险恢复能力	0.154	0.180	0.092	1.956	0.050
财务绩效←低流动性冗余	-0.170	-0.224	0.098	-2.291	0.022
成长绩效←高流动性冗余	0.258	0.299	0.085	3.506	***
财务绩效←高流动性冗余	0.237	0.292	0.096	3.052	0.002
成长绩效←替代网络冗余	0.238	0.294	0.093	3.165	0.002
成长绩效←互补网络冗余	0.267	0.347	0.100	3.462	***
财务绩效←互补网络冗余	0.231	0.320	0.107	2.975	0.003

拟合度：$\chi^2/df = 1.156$；GFI = 0.857；IFI = 0.972；TFI = 0.969；CFI = 0.971；RMSEA = 0.027

从标准化回归系数及其显著性来看，低流动性冗余对风险恢复能力有显著的正向影响，高流动性冗余对风险承担能力和风险恢复能力都有显著的正向影响，替代网络冗余对风险承担能力和风险恢复能力都有显著的正向影响，互补网络冗余对风险承担能力和风险恢复能力都有显著的正向影响。

同时，风险承担能力财务绩效有显著的正向影响，风险恢复能力对财务绩效有显著的正向影响。

此外，低流动性冗余对财务绩效有显著的负向的直接影响；高流动性冗余对成长绩效和财务绩效都有显著的正向的直接影响；替代网络冗余对成长绩效有显著的正向的直接影响；互补网络冗余对成长绩效和财务绩效都有显著的正向的直接影响。

为了获得最优的拟合效果，将 M1、M2、M3 这三个模型的整体适配度检验指标汇总如表 6.14 所示。从表 6.14 中可以看到，三个模型的拟合效果都达到了基本要求，且彼此间差异不大。根据简约原则，选择修正模型 M3 作为最优模型进行后续分析。

表 6.14   研究二模型比较

拟合指标	χ^2/df	GFI	IFI	TFI	CFI	RMSEA
完全中介模型 M1	1.210	0.850	0.962	0.958	0.961	0.031
部分中介模型 M2	1.159	0.858	0.972	0.968	0.971	0.027
修正模型 M3	1.156	0.857	0.972	0.969	0.971	0.027

6.2.1.4 Sobel 检验

确定最佳拟合模型 M3 后，需要进一步使用 Sobel 检验对其中的中介路径进行检验：若 z 值的绝对值大于 1.645，则显著性 P < 0.1；若 z 值的绝对值大于 1.95，则显著性 P < 0.05；若 z 值的绝对值大于 2.58，则显著性 P < 0.01（温忠麟等，2004）。模型 M3 中需要检验的中介路径共有 7 条，检验结果如表 6.15 所示。从表 6.15 可以看到，其中 3 条中介路径的 Sobel 检验 z 值大于 1.645，显著性 P < 0.1；其余 4 条中介路径的 Sobel 检验 z 值小于 1.645，显著性 P 值 > 0.1。由此可见，风险承担能力和风险恢复能力在高流动性冗余和财务绩效之间都有显著的中介效应，风险承担能力在互补网络冗余和财务绩效之间有显著的中介效应。

表 6.15   研究二 Sobel 检验结果

中介路径	Sobel 检验 z 值	显著性水平
低流动性冗余—风险恢复能力—财务绩效	1.383	不显著
高流动性冗余—风险承担能力—财务绩效	1.716	0.1
高流动性冗余—风险恢复能力—财务绩效	1.648	0.1
替代网络冗余—风险承担能力—财务绩效	1.564	不显著
替代网络冗余—风险恢复能力—财务绩效	1.391	不显著
互补网络冗余—风险承担能力—财务绩效	1.749	0.1
互补网络冗余—风险恢复能力—财务绩效	1.413	不显著

6.2.1.5 数据分析结果汇总

在以上数据分析的基础上，就自变量对中介变量的影响、自变量和中介变量对因变量的影响进行汇总，结果如表 6.16 和表 6.17 所示。

表 6.16 研究二自变量对中介变量的影响

变量	风险承担能力	风险恢复能力
低流动性冗余	—	0.153
高流动性冗余	0.207	0.243
替代网络冗余	0.176	0.155
互补网络冗余	0.224	0.162

表 6.17 研究二自变量和中介变量对因变量的影响

变量	成长绩效			财务绩效		
	直接影响	间接影响	总体影响	直接影响	间接影响	总体影响
风险承担能力	—	—	—	0.188	—	0.188
风险恢复能力	—	—	—	0.154	—	0.154
低流动性冗余	—	—	—	-0.170	—	-0.170
高流动性冗余	0.258	—	0.258	0.237	0.076	0.313
替代网络冗余	0.238	—	0.238	—	—	—
互补网络冗余	0.267	—	0.267	0.231	0.042	0.273

从表 6.16 可以看到，低流动性冗余对风险承担能力的影响不显著，对风险恢复能力有显著的正向影响；高流动性冗余、替代网络冗余和互补网络冗余对风险承担能力和风险恢复能力都有显著的正向影响。

从表 6.17 可以看到，风险承担能力对成长绩效的影响不显著，对财务绩效有显著的正向影响；风险恢复能力对成长绩效的影响不显著，对财务绩效有显著的正向影响。

同时，低流动性冗余对成长绩效的直接影响和间接影响都不显著，对财务绩效有显著的负向的直接影响，对财务绩效的间接影响不显著。

高流动性冗余对成长绩效有显著的正向的直接影响，通过风险承担能力和风险恢复能力的间接影响都不显著；高流动性冗余对财务绩效有显著的正向的直接影响，同时通过风险承担能力和风险恢复能力都有显著的正向的间接影响。

替代网络冗余对成长绩效有显著的正向的直接影响，通过风险承担能力和风险恢复能力的间接影响都不显著；替代网络冗余对财务绩效的直接影响和间接影响都不显著。

互补网络冗余对成长绩效有显著的正向的直接影响，通过风险承担能力和风险恢复能力的间接影响都不显著；互补网络冗余对财务绩效有显著的正向的直接影响，同时通过风险承担能力对财务绩效有显著的正向的间接影响，通过风险恢复能力的间接影响不显著。

6.2.2　控制变量的影响分析

在上一章的分析中，发现行业类型可能会对企业的动态能力和绩效等变量产生显著的影响，需要作为控制变量分析其对主作用关系的影响。本研究主要调研了制造业和信息产业这两种行业，数据样本量分别为 122 个和 95 个；拆分行业后样本量较小，但也能满足数据分析的最低要求（Bentler & Chou，1987；张世琪，2012）。按行业类型对企业进行分组后，下面将使用 AMOS 17.0 对两组样本进行多群组结构方程模型分析。

6.2.2.1　多群组结构方程模型比较

基于不同的限制条件，本研究进行了多群组结构方程模型比较，结果如表 6.18 所示。从表 6.18 可以看到，未限制参数模型、因素负荷相等模型和路径系数相等模型的 χ^2/df 值均小于 2；GFI 值均略小于 0.9 的标准，可能原因是样本量较小；IFI 值、TLI 值和 CFI 值均大于 0.9，RMSEA 值均小于 0.05。因此，三个模型的拟合程度都可接受，路径系数相等模型的各项指标最优。同时，各个模型的 AIC 值和 BCC 值相差不大，路径系数相等模型最小，优于其他两个模型。因此，行业类型对修正模型 M3 中各个回归路径系数的影响还需要进一步分析。

表 6.18 研究二多群组结构方程模型比较

模型	χ^2/df	GFI	IFI	TLI	CFI	RMSEA	AIC	BCC
未限制参数模型	1.228	0.754	0.922	0.912	0.920	0.033	1969.789	2199.765
因素负荷相等模型	1.212	0.750	0.925	0.918	0.923	0.031	1926.043	2120.456
路径系数相等模型	1.211	0.748	0.924	0.919	0.923	0.031	1912.656	2089.288

6.2.2.2 行业间差异分析

根据荣泰生（2009）与吴明隆（2016）的方法，本研究采取多群组结构方程分析技术分别对制造业和信息产业样本进行结构方程模型分析，并计算各个回归路径在不同组别中回归系数差异的临界比值，以此判断组别间的差异是否显著，结果如表 6.19 所示。其中，以临界比的绝对值是否大于 1.96（即 P 值是否小于 0.05）作为路径差异是否显著的判断标准。

从表 6.19 可以看到，两个行业样本组的结构方程模型拟合效果都比较理想，其中部分回归路径系数的显著性有所不同，但所有回归路径系数的组间差异的临界比的绝对值都小于 1.96，回归路径系数的组间差异都不显著。此外，虽然以"风险恢复能力←高流动性冗余"为代表的部分路径在某一组中回归系数显著而在另一组中回归系数不显著，但所有路径回归系数的正负都是一致的；由于拆分不同行业组别后每组中样本量较小，可能对假设检验结果的显著性产生影响。因此，本研究不认为各个回归路径系数在不同行业间存在显著的差异。

6.2.3 调节效应检验

在开始调节效应检验之前，根据马尔斯、温和侯（Marsh，Wen & Hau，2004）的研究结论，对调节变量和对应的自变量按照变量条款的标准化因子负荷值的大小顺序，采用"大配大、小配小"的策略进行相乘，构建交叉项的各个条款（温忠麟、刘红云和侯杰泰，2012；龙思颖，2016）。此外，为了避免多重共线性，用于相乘的条款都提前经过了中心化处理。

表6.19　研究二行业间差异分析

回归路径	标准化回归系数		P值		检验结果		组间回归系数差异	
	制造业	互联网	制造业	互联网	制造业	互联网	临界比	是否显著
风险恢复能力←低流动性冗余	0.159	0.155	0.127	0.196	正向不显著	正向不显著	-0.136	否
风险承担能力←高流动性冗余	0.201	0.215	0.075	0.071	正向不显著	正向不显著	0.126	否
风险恢复能力←高流动性冗余	0.309	0.158	0.004	0.183	正向显著	正向不显著	-1.280	否
风险承担能力←替代网络冗余	0.184	0.106	0.101	0.396	正向不显著	正向不显著	-0.293	否
风险恢复能力←替代网络冗余	0.152	0.112	0.136	0.366	正向不显著	正向不显著	-0.305	否
风险承担能力←互补网络冗余	0.197	0.332	0.089	0.014	正向不显著	正向显著	0.870	否
风险恢复能力←互补网络冗余	0.174	0.165	0.097	0.186	正向不显著	正向不显著	-0.239	否
财务绩效←风险承担能力	0.245	0.284	0.021	0.030	正向显著	正向显著	0.082	否
财务绩效←风险恢复能力	0.152	0.137	0.144	0.225	正向不显著	正向不显著	0.045	否
财务绩效←低流动性冗余	-0.032	-0.273	0.727	0.018	负向不显著	负向显著	-1.670	否
成长绩效←高流动性冗余	0.375	0.169	***	0.101	正向显著	正向不显著	-1.607	否
财务绩效←高流动性冗余	0.345	0.107	***	0.352	正向显著	正向不显著	-1.652	否
成长绩效←替代网络冗余	0.146	0.386	0.134	0.001	正向不显著	正向显著	1.630	否
成长绩效←互补网络冗余	0.177	0.294	0.079	0.011	正向不显著	正向显著	0.683	否
财务绩效←互补网络冗余	0.194	0.190	0.047	0.116	正向显著	正向不显著	-0.048	否

制造业拟合指标：χ^2/df = 1.163；GFI = 0.776；IFI = 0.947；TLI = 0.941；CFI = 0.946；RMSEA = 0.037

互联网拟合指标：χ^2/df = 1.293；GFI = 0.726；IFI = 0.894；TLI = 0.881；CFI = 0.891；RMSEA = 0.056

为了检验环境动态性在"风险动态能力—企业绩效"关系中的调节作用，在前文确定的最佳模型 M3 的基础上加入调节变量环境动态性和相应的交叉项，构建的模型如图 6.7 所示，分析结果如表 6.20 所示。从表 6.20 中可以看到，模型的各项拟合指标良好：χ^2/df 值为 1.188，小于 2；GFI 值为 0.804，略低于理想值 0.9；IFI 值为 0.946、TFI 值为 0.942、CFI 值为 0.945，均大于 0.9；RMSEA 值为 0.030，小于 0.05。

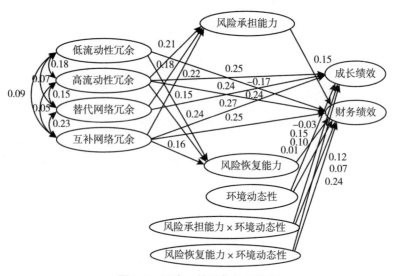

图 6.7　研究二的调节效应模型

表 6.20　　　　　　　　　　研究二的调节效应模型

回归路径	回归系数		标准误	临界比	P 值
	标准化	非标准化			
风险恢复能力←低流动性冗余	0.154	0.172	0.088	1.960	0.050
风险承担能力←高流动性冗余	0.207	0.187	0.074	2.541	0.011
风险恢复能力←高流动性冗余	0.242	0.254	0.083	3.073	0.002
风险承担能力←替代网络冗余	0.175	0.168	0.079	2.120	0.034
风险恢复能力←替代网络冗余	0.154	0.172	0.087	1.982	0.047
风险承担能力←互补网络冗余	0.224	0.227	0.086	2.630	0.009

续表

回归路径	回归系数		标准误	临界比	P 值
	标准化	非标准化			
风险恢复能力←互补网络冗余	0.162	0.190	0.093	2.044	0.041
财务绩效←风险承担能力	0.152	0.205	0.107	1.927	0.054
财务绩效←风险恢复能力	0.147	0.171	0.090	1.905	0.057
财务绩效←低流动性冗余	−0.168	−0.220	0.095	−2.312	0.021
成长绩效←高流动性冗余	0.250	0.289	0.084	3.427	***
财务绩效←高流动性冗余	0.239	0.292	0.093	3.133	0.002
成长绩效←替代网络冗余	0.235	0.289	0.092	3.152	0.002
成长绩效←互补网络冗余	0.271	0.352	0.099	3.549	***
财务绩效←互补网络冗余	0.252	0.345	0.105	3.284	0.001
成长绩效←环境动态性	−0.029	−0.027	0.065	−0.414	0.679
财务绩效←环境动态性	0.011	0.011	0.066	0.169	0.865
成长绩效←风险承担能力×环境动态性	0.100	0.135	0.108	1.249	0.212
财务绩效←风险承担能力×环境动态性	0.073	0.104	0.109	0.951	0.341
成长绩效←风险恢复能力×环境动态性	0.125	0.173	0.105	1.638	0.101
财务绩效←风险恢复能力×环境动态性	0.238	0.349	0.111	3.144	0.002

拟合度：$\chi^2/df = 1.188$；GFI = 0.804；IFI = 0.946；TFI = 0.942；CFI = 0.945；RMSEA = 0.030

从标准化回归系数及其显著性来看，环境动态性和风险恢复能力的乘积项对财务绩效有显著的正向影响，而其他乘积项的回归系数都不显著。由此可见，环境动态性对风险恢复能力与财务绩效之间的关系有显著的正向的调节效应。

为了更形象地展示该调节效应，按照艾肯和韦斯特（Aiken & West, 1991）、哈耶斯（Hayes, 2013）和温忠麟等（2012）的方法绘制的调节效应如图 6.8 所示。具体做法为：分别计算环境动态性和风险恢复能力的两个值，一个值为均值减去标准差，另一个值为均值加上标准差，然后将这四个值分别代入回归方程计算财务绩效对应的值，从而绘出对应的回归直线。

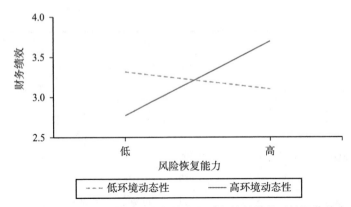

图 6.8　环境动态性在风险恢复能力和财务绩效间关系的调节效应

从图 6.8 可以看到，两条回归直线相交，环境动态性在风险恢复能力和财务绩效间有调节作用：当环境动态性较低时，风险恢复能力对财务绩效有负向影响，当环境动态性较高时，风险恢复能力对财务绩效有正向影响。

6.2.4　假设检验结果与讨论

根据表 6.16 和表 6.17 所汇总的变量间关系和表 6.20 所示的调节效应检验结果，可以得到以下假设检验结果，如表 6.21 所示。

表 6.21　　　　　　　　　研究二假设检验结果

编号	假设内容	结果
假设 5a	低流动性冗余对风险承担能力有负向影响	不支持
假设 5b	低流动性冗余对风险恢复能力有负向影响	不支持
假设 6a	高流动性冗余对风险承担能力有正向影响	支持
假设 6b	高流动性冗余对风险恢复能力有正向影响	支持
假设 7a	替代网络冗余对风险承担能力有正向影响	支持
假设 7b	替代网络冗余对风险恢复能力有正向影响	支持
假设 8a	互补网络冗余对风险承担能力有正向影响	支持

编号	假设内容	结果
假设 8b	互补网络冗余对风险恢复能力有正向影响	支持
假设 9a	风险承担能力对成长绩效有正向影响	不支持
假设 9b	风险承担能力对财务绩效有正向影响	支持
假设 10a	风险恢复能力对成长绩效有正向影响	不支持
假设 10b	风险恢复能力对财务绩效有正向影响	支持
假设 11a	环境动态性越高，风险承担能力对成长绩效的正向影响越大	不支持
假设 11b	环境动态性越高，风险承担能力对财务绩效的正向影响越大	不支持
假设 12a	环境动态性越高，风险恢复能力对成长绩效的正向影响越大	不支持
假设 12b	环境动态性越高，风险恢复能力对财务绩效的正向影响越大	支持

从表 6.21 可以看到，各种资源冗余对企业风险承担能力和风险恢复能力的影响是不同的。低流动性冗余对风险承担能力和风险恢复能力的影响都不显著，高流动性冗余、替代网络冗余和互补网络冗余对风险承担能力和风险恢复能力都有显著的正向影响。假设 5a 和 5b 认为低流动性冗余会降低管理者应对环境变化的主观能动性从而对风险承担能力和风险恢复能力有负向影响，但是企业可以通过削减管理费用、变卖闲置设备等方式获得资源帮助企业应对风险，在这两种影响的共同作用下，低流动性冗余对企业风险承担能力和风险动态能力的作用可能变得不显著了。由此可见，不同类型资源冗余对企业风险动态能力的作用是不同的，低流动性冗余的积极作用不如其他类型的资源冗余。

同时，风险承担能力和风险恢复能力对企业成长绩效的影响都不显著，对财务绩效都有显著的正向影响。由此可见，风险动态能力对企业成长绩效和财务绩效的作用是不一样的，通过提升企业风险动态能力可以保障企业的财务绩效，但是对企业成长绩效的影响很小。结合环境动态性的调节效应可以发现，环境动态性较高时，风险恢复能力对财务绩效有正向影响，而环境动态性较低时，风险恢复能力对财务绩效有负向影响。此外，不管环境动态性的高低，风险承担能力和风险恢复能力对成长绩效的影响都不显著；不管环境动态性的高低，风险承担能力对财务绩效都有一样大的正向影响。因此，环境动态性在不同类型的风险动态能力与不同企业绩效间关系上的调节效应是不一样的，但是大多数情况下调节效应都不显著。

此外，本研究还发现，风险承担能力和风险恢复能力在高流动性冗余和财务绩效之间都有显著的中介效应，风险承担能力在互补网络冗余和财务绩效之间有显著的中介效应。

6.3 资源冗余、技术动态能力与企业绩效之间的关系检验

研究三旨在探索企业的资源冗余、技术动态能力与企业绩效三者之间的关系，针对"资源冗余—技术动态能力—企业绩效"的逻辑链条进行了理论探讨，并提出了相应的假设。本节将使用结构方程模型方法，对模型中的各个回归路径进行检验，然后使用 Sobel 检验进一步判断中介效应是否显著（Baron & Kenny，1986；温忠麟等，2004），然后使用多群组结构方程模型方法分析控制变量对主作用关系的影响，然后使用结构方程模型方法对环境动态性的调节效应进行检验，最后对假设检验结果进行汇总和讨论。

6.3.1 中介效应检验

6.3.1.1 完全中介模型 M1

首先，建立完全中介模型 M1，如图 6.9 所示，分析结果如表 6.22 所示。从表 6.22 可以看到，模型的各项拟合指标良好：χ^2/df 值为 1.150，小于 2；GFI 值为 0.849，略低于理想值 0.9，主要原因可能是样本量偏小；IFI 值为 0.973、TFI 值为 0.970、CFI 值为 0.973，均大于 0.9；RMSEA 值为 0.026，小于 0.05。

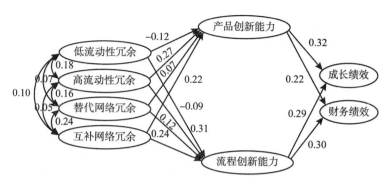

图 6.9　研究三的完全中介模型 M1

表 6.22　　　　　　　　　　　研究三的完全中介模型 M1

回归路径	回归系数		标准误	临界比	P 值
	标准化	非标准化			
产品创新能力←低流动性冗余	−0.125	−0.110	0.071	−1.544	0.123
流程创新能力←低流动性冗余	−0.090	−0.113	0.095	−1.198	0.231
产品创新能力←高流动性冗余	0.265	0.219	0.069	3.190	0.001
流程创新能力←高流动性冗余	0.309	0.360	0.091	3.969	***
产品创新能力←替代网络冗余	0.072	0.064	0.070	0.907	0.364
流程创新能力←替代网络冗余	0.122	0.153	0.094	1.622	0.105
产品创新能力←互补网络冗余	0.224	0.208	0.078	2.666	0.008
流程创新能力←互补网络冗余	0.241	0.316	0.103	3.063	0.002
成长绩效←产品创新能力	0.320	0.448	0.114	3.941	***
财务绩效←产品创新能力	0.218	0.326	0.116	2.814	0.005
成长绩效←流程创新能力	0.293	0.290	0.074	3.907	***
财务绩效←流程创新能力	0.305	0.322	0.079	4.066	***

拟合度．$\chi^2/df = 1.150$；GFI $= 0.849$；IFI $= 0.973$；TFI $= 0.970$；CFI $= 0.973$；RMSEA $= 0.026$

　　从标准化回归系数及其显著性来看，低流动性冗余对产品创新能力和流程创新能力的影响都不显著，高流动性冗余对产品创新能力和流程创新能力都有显著的正向影响，替代网络冗余对产品创新能力和流程创新能力的影响都不显著，互补网络冗余对产品创新能力和流程创新能力都有显著的正向影响。

同时，产品创新能力对成长绩效和财务绩效都有显著的正向影响，流程创新能力对成长绩效和财务绩效都有显著的正向影响。

6.3.1.2 部分中介模型 M2

资源冗余在通过技术动态能力作用于企业绩效的同时，也可能对企业绩效产生直接影响。因此，建立部分中介模型 M2，如图 6.10 所示，分析结果如表 6.23 所示。从表 6.23 可以看到，模型的各项拟合指标良好：χ^2/df 值为 1.110，小于 2；GFI 值为 0.856，略低于理想值 0.9；IFI 值为 0.981、TFI 值为 0.978、CFI 值为 0.980，均大于 0.9；RMSEA 值为 0.023，小于 0.05。

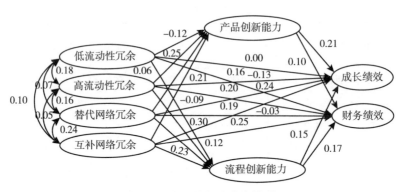

图 6.10　研究三的部分中介模型 M2

表 6.23　　　　　　　　研究三的部分中介模型 M2

回归路径	回归系数		标准误	临界比	P 值
	标准化	非标准化			
产品创新能力←低流动性冗余	−0.122	−0.108	0.072	−1.501	0.133
流程创新能力←低流动性冗余	−0.088	−0.111	0.095	−1.162	0.245
产品创新能力←高流动性冗余	0.252	0.207	0.069	3.023	0.003
流程创新能力←高流动性冗余	0.298	0.347	0.091	3.817	***
产品创新能力←替代网络冗余	0.063	0.055	0.071	0.781	0.435
流程创新能力←替代网络冗余	0.117	0.146	0.095	1.543	0.123
产品创新能力←互补网络冗余	0.206	0.191	0.078	2.448	0.014

续表

回归路径	回归系数		标准误	临界比	P 值
	标准化	非标准化			
流程创新能力←互补网络冗余	0.229	0.301	0.104	2.901	0.004
成长绩效←产品创新能力	0.209	0.292	0.111	2.639	0.008
财务绩效←产品创新能力	0.097	0.146	0.116	1.251	0.211
成长绩效←流程创新能力	0.148	0.146	0.077	1.904	0.057
财务绩效←流程创新能力	0.171	0.181	0.083	2.181	0.029
成长绩效←低流动性冗余	0.004	0.005	0.090	0.060	0.952
财务绩效←低流动性冗余	−0.133	−0.176	0.099	−1.784	0.074
成长绩效←高流动性冗余	0.165	0.190	0.091	2.083	0.037
财务绩效←高流动性冗余	0.245	0.301	0.099	3.022	0.003
成长绩效←替代网络冗余	0.205	0.252	0.090	2.789	0.005
财务绩效←替代网络冗余	−0.030	−0.040	0.096	−0.415	0.678
成长绩效←互补网络冗余	0.191	0.247	0.102	2.423	0.015
财务绩效←互补网络冗余	0.251	0.348	0.112	3.118	0.002

拟合度：$\chi^2/df = 1.110$；GFI = 0.856；IFI = 0.981；TFI = 0.978；CFI = 0.980；RMSEA = 0.023

从标准化回归系数及其显著性来看，低流动性冗余对产品创新能力和流程创新能力的影响都不显著，高流动性冗余对产品创新能力和流程创新能力都有显著的正向影响，替代网络冗余对产品创新能力和流程创新能力的影响都不显著，互补网络冗余对产品创新能力和流程创新能力都有显著的正向影响。

同时，产品创新能力对成长绩效有显著的正向影响，对财务绩效的影响不显著；流程创新能力对成长绩效的影响不显著，对财务绩效有显著的正向影响。

此外，低流动性冗余对成长绩效和财务绩效的直接影响都不显著，高流动性冗余对成长绩效和财务绩效都有显著的正向的直接影响；替代网络冗余对成长绩效有显著的正向的直接影响，对财务绩效的直接影响不显著；互补网络冗余对成长绩效和财务绩效都有显著的正向的直接影响。

6.3.1.3 修正模型 M3

依次将部分中介模型 M2 中不显著的回归路径删除，直至所有的回归路径都显著，得到修正模型 M3，结果如图 6.11 所示，分析结果如表 6.24 所示。从表 6.24 可以看到，模型的各项拟合指标良好：χ^2/df 值为 1.111，小于2；GFI 值为 0.854，略低于理想值 0.9；IFI 值为 0.980、TFI 值为 0.978、CFI 值为 0.980，均大于 0.9；RMSEA 值为 0.023，小于 0.05。

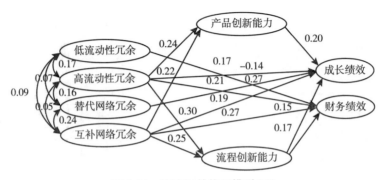

图 6.11   研究三的修正模型 M3

表 6.24　　　　　　　　　　　　研究三的修正模型 M3

回归路径	回归系数		标准误	临界比	P 值
	标准化	非标准化			
产品创新能力←高流动性冗余	0.243	0.200	0.067	2.999	0.003
流程创新能力←高流动性冗余	0.300	0.350	0.089	3.935	***
产品创新能力←互补网络冗余	0.216	0.201	0.076	2.640	0.008
流程创新能力←互补网络冗余	0.252	0.331	0.101	3.267	0.001
成长绩效←产品创新能力	0.203	0.283	0.109	2.588	0.010
成长绩效←流程创新能力	0.150	0.148	0.076	1.952	0.050
财务绩效←流程创新能力	0.170	0.180	0.082	2.186	0.029
财务绩效←低流动性冗余	−0.145	−0.192	0.097	−1.969	0.049
成长绩效←高流动性冗余	0.167	0.192	0.089	2.147	0.032

续表

回归路径	回归系数		标准误	临界比	P 值
	标准化	非标准化			
财务绩效←高流动性冗余	0.268	0.330	0.095	3.466	***
成长绩效←替代网络冗余	0.209	0.256	0.090	2.853	0.004
成长绩效←互补网络冗余	0.192	0.249	0.103	2.417	0.016
财务绩效←互补网络冗余	0.268	0.372	0.107	3.482	***

拟合度：$\chi^2/df = 1.111$；GFI $= 0.854$；IFI $= 0.980$；TFI $= 0.978$；CFI $= 0.980$；RMSEA $= 0.023$

从标准化回归系数及其显著性来看，高流动性冗余对产品创新能力和流程创新能力都有显著的正向影响，互补网络冗余对产品创新能力和流程创新能力都有显著的正向影响。

同时，产品创新能力对成长绩效有显著的正向影响，流程创新能力对成长绩效和财务绩效都有显著的正向影响。

此外，低流动性冗余对财务绩效有显著的负向的直接影响；高流动性冗余对成长绩效和财务绩效都有显著的正向的直接影响；替代网络冗余对成长绩效有显著的正向的直接影响；互补网络冗余对成长绩效和财务绩效都有显著的正向的直接影响。

为了获得最优的拟合效果，将 M1、M2、M3 这三个模型的整体适配度检验指标汇总如表 6.25 所示。从表 6.25 可以看到，三个模型的拟合效果都达到了基本要求，且彼此间差异不大，根据简约原则，选择 M3 作为最优模型进行后续分析。

表 6.25　　　　　　　　　　　**研究二模型比较**

拟合指标	χ^2/df	GFI	IFI	TFI	CFI	RMSEA
完全中介模型 M1	1.150	0.849	0.973	0.970	0.973	0.026
部分中介模型 M2	1.110	0.856	0.981	0.978	0.980	0.023
修正模型 M3	1.111	0.854	0.980	0.978	0.980	0.023

6.3.1.4　Sobel 检验

确定最佳拟合模型 M3 后，需要进一步使用 Sobel 检验对其中的中介路径进行检验：若 z 值的绝对值大于 1.645，则显著性 P <0.1；若 z 值的绝对值大于 1.95，则显著性 P <0.05；若 z 值的绝对值大于 2.58，则显著性 P <0.01（温忠麟等，2004）。模型 M3 中需要检验的中介路径共有 6 条，检验结果见表 6.26。从表 6.26 中可以看到，其中 1 条中介路径的 Sobel 检验 z 值大于 1.95，显著性 P 值 <0.05；其余 5 条中介路径的 Sobel 检验 z 值大于 1.645，显著性 P 值 <0.1。由此可见，产品创新能力在高流动性冗余与成长绩效之间、互补网络冗余与成长绩效之间有显著的中介效应，流程创新能力在高流动性冗余与成长绩效之间、高流动性冗余与财务绩效之间、互补网络冗余与成长绩效之间、互补网络冗余与财务绩效之间有显著的中介效应。

表 6.26　　　　　　　　　研究三 Sobel 检验结果

中介路径	Sobel 检验 z 值	显著性水平
高流动性冗余—产品创新能力—成长绩效	1.959	0.05
高流动性冗余—流程创新能力—成长绩效	1.745	0.1
高流动性冗余—流程创新能力—财务绩效	1.917	0.1
互补网络冗余—产品创新能力—成长绩效	1.853	0.1
互补网络冗余—流程创新能力—成长绩效	1.674	0.1
互补网络冗余—流程创新能力—财务绩效	1.824	0.1

6.3.1.5　数据分析结果汇总

在以上数据分析的基础上，分别就自变量对中介变量的影响和自变量、中介变量对因变量的影响的数据分析结果进行汇总，结果如表 6.27 和表 6.28 所示。

表 6. 27   研究三自变量对中介变量的影响

变量	产品创新能力	流程创新能力
低流动性冗余	—	—
高流动性冗余	0.243	0.300
替代网络冗余	—	—
互补网络冗余	0.216	0.252

表 6. 28   研究三自变量和中介变量对因变量的影响

变量	成长绩效			财务绩效		
	直接影响	间接影响	总体影响	直接影响	间接影响	总体影响
产品创新能力	0.203	—	0.203	—	—	—
流程创新能力	0.150	—	0.150	0.170	—	0.170
低流动性冗余	—	—	—	−0.145	—	−0.145
高流动性冗余	0.167	0.094	0.261	0.268	0.051	0.319
替代网络冗余	0.209	—	0.209	—	—	—
互补网络冗余	0.192	0.082	0.274	0.268	0.043	0.311

　　从表 6.27 可以看到，低流动性冗余对产品创新能力和流程创新能力的影响都不显著；高流动性冗余对产品创新能力和流程创新能力都有显著的正向影响；替代网络冗余对产品创新能力和流程创新能力的影响都不显著；互补网络冗余对产品创新能力和流程创新能力都有显著的正向影响。

　　从表 6.28 可以看到，产品创新能力对成长绩效有显著的正向影响，对财务绩效的影响不显著；流程创新能力对成长绩效和财务绩效都有显著的正向影响。

　　同时，低流动性冗余对成长绩效的直接影响和间接影响都不显著，对财务绩效有显著的负向的直接影响，对财务绩效的间接影响不显著。

　　高流动性冗余对成长绩效有显著的正向的直接影响，同时通过产品创新能力和流程创新能力对成长绩效都有显著的正向的间接影响；高流动性冗余对财务绩效有显著的正向的直接影响，同时通过流程创新能力对财务绩效有显著的正向的间接影响，通过产品创新能力的间接影响不显著。

替代网络冗余对成长绩效有显著的正向的直接影响，通过产品创新能力和流程创新能力的间接影响都不显著；替代网络冗余对财务绩效的直接影响和间接影响都不显著。

互补网络冗余对成长绩效有显著的正向的直接影响，同时通过产品创新能力和流程创新能力对成长绩效都有显著的正向的间接影响；互补网络冗余对财务绩效有显著的正向的直接影响，同时通过流程创新能力对财务绩效有显著的正向的间接影响，通过产品创新能力的间接影响不显著。

6.3.2　控制变量的影响分析

在上一章的分析中，发现行业类型可能会对企业的动态能力和绩效等变量产生显著的影响，需要作为控制变量分析其对主作用关系的影响。本研究主要调研了制造业和信息产业这两种行业，数据样本量分别为 122 个和 95 个；拆分行业后样本量较小，但也能满足数据分析的最低要求（Bentler & Chou, 1987；张世琪, 2012）。按行业类型对企业进行分组后，下面将使用 AMOS 21.0 对两组样本进行多群组结构方程模型分析。

6.3.2.1　多群组结构方程模型比较

基于不同的限制条件，本研究进行了多群组结构方程模型比较，结果如表 6.29 所示。从表 6.29 中可以看到，未限制参数模型、因素负荷相等模型和路径系数相等模型的 χ^2/df 值均小于 2；GFI 值均小于 0.9 的标准，可能原因是样本量较小；IFI 值、TLI 值和 CFI 值均大于 0.9，RMSEA 值均小于 0.05。因此，三个模型的拟合程度都可接受，因素负荷相等模型的各项指标最优。同时，各个模型的 AIC 值和 BCC 值相差不大，路径系数相等模型最小，优于其他两个模型。因此，行业类型对修正模型 M3 中各个回归路径系数的影响还需要进一步分析。

表 6.29 　　　　　　　　　研究三多群组结构方程模型比较

模型	χ^2/df	GFI	IFI	TLI	CFI	RMSEA	AIC	BCC
未限制参数模型	1.199	0.749	0.933	0.925	0.931	0.030	2026.287	2265.942
因素负荷相等模型	1.185	0.747	0.936	0.930	0.934	0.029	1981.710	2183.069
路径系数相等模型	1.188	0.745	0.934	0.929	0.932	0.030	1975.602	2160.903

6.3.2.2　行业间差异分析

根据荣泰生（2009）与吴明隆（2016）的方法，本研究采取多群组结构方程分析技术分别对制造业和信息产业样本进行结构方程模型分析，并计算各个回归路径在不同组别中回归系数差异的临界比值，以此判断组别间的差异是否显著，结果如表 6.30 所示。其中，以临界比的绝对值是否大于 1.96（即 P 值是否小于 0.05）作为路径差异是否显著的判断标准。

从表 6.30 可以看到，两个行业样本组的结构方程模型拟合效果都比较理想，其中部分回归路径系数的显著性有所不同，但所有回归路径系数的组间差异的临界比的绝对值都小于 1.96，回归路径系数的组间差异都不显著。此外，虽然以"产品创新能力←高流动性冗余"为代表的部分路径在某一组中回归系数显著而在另一组中回归系数不显著，但所有路径回归系数的正负都是一致的；由于拆分不同行业组别后每组中样本量较小，可能对假设检验结果的显著性产生影响。因此，本研究不认为各个回归路径系数在不同行业间存在显著的差异。

6.3.3　调节效应检验

在开始调节效应检验之前，根据马尔斯、温和侯（Marsh, Wen & Hau, 2004）的研究结论，对调节变量和对应的自变量按照变量条款的标准化因子负荷值的大小顺序，采用"大配大、小配小"的策略进行相乘，构建交叉项的各个条款（温忠麟等，2012；龙思颖，2016）。此外，为了避免多重共线性，用于相乘的条款都提前经过了中心化处理。

表6.30　研究三行业间差异分析

回归路径	标准化回归系数		P值		检验结果		组间回归系数差异	
	制造业	互联网	制造业	互联网	制造业	互联网	临界比值	是否显著
产品创新能力←高流动性冗余	0.163	0.356	0.124	0.005	正向不显著	正向显著	1.069	否
流程创新能力←高流动性冗余	0.244	0.417	0.018	***	正向显著	正向显著	1.139	否
产品创新能力←互补网络冗余	0.260	0.163	0.022	0.162	正向显著	正向不显著	-0.596	否
流程创新能力←互补网络冗余	0.174	0.341	0.096	0.002	正向不显著	正向显著	1.209	否
成长绩效←产品创新能力	0.193	0.235	0.067	0.045	正向不显著	正向显著	0.236	否
成长绩效←流程创新能力	0.128	0.135	0.194	0.270	正向不显著	正向不显著	-0.037	否
财务绩效←流程创新能力	0.198	0.114	0.036	0.397	正向显著	正向不显著	-0.595	否
财务绩效←低流动性冗余	-0.067	-0.209	0.467	0.070	负向不显著	负向不显著	-1.009	否
成长绩效←高流动性冗余	0.320	0.030	0.002	0.809	正向显著	正向不显著	-1.920	否
财务绩效←高流动性冗余	0.411	0.129	***	0.314	正向显著	正向不显著	-1.876	否
成长绩效←替代网络冗余	0.111	0.359	0.242	0.002	正向不显著	正向显著	1.721	否
成长绩效←互补网络冗余	0.111	0.220	0.287	0.073	正向不显著	正向显著	0.656	否
财务绩效←互补网络冗余	0.258	0.285	0.007	0.021	正向显著	正向显著	0.164	否

制造业拟合指标：$\chi^2/df=1.232$；GFI=0.765；IFI=0.929；TLI=0.921；CFI=0.927；RMSEA=0.044

互联网拟合指标：$\chi^2/df=1.167$；GFI=0.729；IFI=0.937；TLI=0.929；CFI=0.935；RMSEA=0.042

为了检验环境动态性在"动态能力—企业绩效"关系中的调节作用，在前文确定的最佳模型 M3 的基础上加入调节变量环境动态性和相应的交叉项，构建的模型如图 6.12 所示，分析结果如表 6.31 所示。从表 6.31 可以看到，模型的各项拟合指标良好：χ^2/df 值为 1.147，小于 2；GFI 值为 0.806，略低于理想值 0.9；IFI 值为 0.958、TFI 值为 0.955、CFI 值为 0.958，均大于0.9；RMSEA 值为 0.026，小于 0.05。

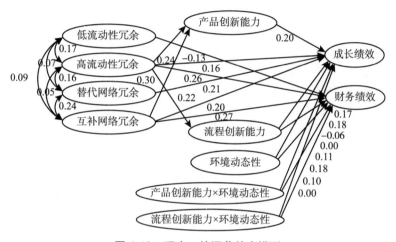

图 6.12　研究三的调节效应模型

表 6.31　　　　　　　　　　　研究三的调节效应模型

回归路径	回归系数		标准误	临界比	P 值
	标准化	非标准化			
产品创新能力←高流动性冗余	0.243	0.200	0.067	3.000	0.003
流程创新能力←高流动性冗余	0.301	0.350	0.089	3.936	***
产品创新能力←互补网络冗余	0.216	0.200	0.076	2.642	0.008
流程创新能力←互补网络冗余	0.252	0.331	0.101	3.265	0.001
成长绩效←产品创新能力	0.202	0.281	0.108	2.601	0.009
成长绩效←流程创新能力	0.169	0.165	0.075	2.215	0.027
财务绩效←流程创新能力	0.177	0.187	0.081	2.300	0.021
财务绩效←低动性冗余	−0.129	−0.172	0.096	−1.791	0.073

续表

回归路径	回归系数		标准误	临界比	P值
	标准化	非标准化			
成长绩效←高流动性冗余	0.159	0.182	0.088	2.072	0.038
财务绩效←高流动性冗余	0.261	0.321	0.094	3.419	***
成长绩效←替代网络冗余	0.206	0.251	0.088	2.843	0.004
成长绩效←互补网络冗余	0.196	0.254	0.101	2.498	0.012
财务绩效←互补网络冗余	0.275	0.382	0.106	3.608	***
成长绩效←环境动态性	−0.057	−0.053	0.063	−0.851	0.395
财务绩效←环境动态性	−0.003	−0.003	0.068	−0.042	0.967
成长绩效←产品创新能力×环境动态性	0.107	0.146	0.107	1.372	0.170
财务绩效←产品创新能力×环境动态性	0.183	0.269	0.119	2.255	0.024
成长绩效←流程创新能力×环境动态性	0.098	0.139	0.105	1.330	0.184
财务绩效←流程创新能力×环境动态性	0.000	0.000	0.113	0.000	1.000

拟合度：$\chi^2/df = 1.147$；GFI = 0.806；IFI = 0.958；TFI = 0.955；CFI = 0.958；RMSEA = 0.026

从标准化回归系数及其显著性来看，环境动态性和产品创新能力的乘积项对财务绩效有显著的正向影响，而其他乘积项的回归系数都不显著。由此可见，环境动态性对产品创新能力与财务绩效之间的关系有显著的正向调节效应。

为了更形象地展示该调节效应，按照艾肯和韦斯特（Aiken & West, 1991）、哈耶斯（Hayes, 2013）和温忠麟等（2012）的方法绘制调节效应如图 6.13 所示。具体做法为：分别计算环境动态性和产品创新能力的两个值，一个值为均值减去标准差，另一个值为均值加上标准差，然后将这四个值分别代入回归方程计算财务绩效对应的值，从而绘出对应的回归直线。

从图 6.13 可以看到，两条回归直线相交，环境动态性在产品创新能力和财务绩效间有调节作用：当环境动态性较低时，产品创新能力对财务绩效有负向影响，当环境动态性较高时，产品创新能力对财务绩效有正向影响。

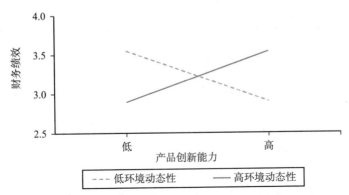

图 6.13 环境动态性在产品创新能力和财务绩效间关系的调节效应

6.3.4 假设检验结果与讨论

根据表 6.27 和表 6.28 所汇总的变量间关系和表 6.31 所示的调节效应检验结果，可以得到以下假设检验结果，如表 6.32 所示。

表 6.32　　　　　　　　　　　　研究三假设检验结果

编号	假设内容	结果
假设 13a	低流动性冗余对产品创新能力有负向影响	不支持
假设 13b	低流动性冗余对流程创新能力有负向影响	不支持
假设 14a	高流动性冗余对产品创新能力有正向影响	支持
假设 14b	高流动性冗余对流程创新能力有正向影响	支持
假设 15a	替代网络冗余对产品创新能力有正向影响	不支持
假设 15b	替代网络冗余对流程创新能力有正向影响	不支持
假设 16a	互补网络冗余对产品创新能力有正向影响	支持
假设 16b	互补网络冗余对流程创新能力有正向影响	支持
假设 17a	产品创新能力对成长绩效有正向影响	支持
假设 17b	产品创新能力对财务绩效有正向影响	不支持
假设 18a	流程创新能力对成长绩效有正向影响	支持
假设 18b	流程创新能力对财务绩效有正向影响	支持
假设 19a	环境动态性越高，产品创新能力对成长绩效的正向影响越大	不支持
假设 19b	环境动态性越高，产品创新能力对财务绩效的正向影响越大	支持

续表

编号	假设内容	结果
假设 20a	环境动态性越高，流程创新能力对成长绩效的正向影响越大	不支持
假设 20b	环境动态性越高，流程创新能力对财务绩效的正向影响越大	不支持

从表 6.32 可以看到，低流动性冗余和替代网络冗余对产品创新能力和流程创新能力的影响都不显著，高流动性冗余和互补网络冗余对产品创新能力和流程创新能力都有显著的正向影响。由此可见，不同类型资源冗余对技术动态能力的影响是不同的，灵活性较高的资源冗余的作用更大。

同时，产品创新能力和流程创新能力对成长绩效都有显著的正向影响，产品创新能力对财务绩效的影响不显著，而流程创新能力对财务绩效有显著的正向影响。结合环境动态性的调节作用分析发现：环境动态性较高时，产品创新能力对财务绩效有显著的正向影响；环境动态性较低时，产品创新能力对财务绩效有负向影响。因此产品创新并不一定能给企业带来超额利润，因为在环境动态性较低时的产品创新可能得不到市场的认可。不管环境动态性的高低，流程创新能力对财务绩效都有一样大的正向影响。此外，不管环境动态性的高低，产品创新能力和流程创新能力对成长绩效的正向影响都没有差异。由此可见，环境动态性在不同类型的技术动态能力与不同企业绩效间关系上的调节效应是不一样的，但是大多数情况下调节效应都不显著。

此外，本研究还发现了产品创新能力在高流动性冗余与成长绩效之间、互补网络冗余与成长绩效之间有显著的中介效应，流程创新能力在高流动性冗余与成长绩效之间、高流动性冗余与财务绩效之间、互补网络冗余与成长绩效之间、互补网络冗余与财务绩效之间有显著的中介效应。

6.4　本章小结

本章利用调研数据依次对三个子研究提出的研究假设进行检验，验证了"资源动态能力—风险动态能力—技术动态能力""资源冗余—风险动态能力—企业绩效""资源冗余—技术动态能力—企业绩效"的作用机制，并对假设检验结果进行了汇总和解读。

第 7 章

研究结论与展望

在前文理论分析和实证分析的基础上，本章首先将对其进行归纳，形成研究结论；其次从相关理论发展和实践需要的角度揭示本研究的理论贡献和实践启示；最后对本研究在内容和方法上的局限进行反思，指明未来的研究方向。

7.1 研究结论

本研究在严谨的理论研究基础上提出了本研究的假设和理论模型，通过问卷调查收集了广泛的企业数据，通过探索性因子分析、内部一致性分析、验证性因子分析等方法分析了测量量表的信度、效度，使用结构方程模型等方法对研究假设进行了检验，得到了大量有意义的研究发现，下面将对其进行归纳和解读。

7.1.1 资源冗余的内涵和类型

在系统梳理和深入分析现有文献的基础上，本研究把企业社会网络纳入资源冗余的讨论中，同时研究企业内部资源冗余和外部资源冗余，丰富了资源冗余的内涵；依照利用的灵活性，把资源冗余划分为低流动性冗余、高流动性冗余、替代网络冗余和互补网络冗余四种类型。

在对各种资源冗余进行精确定义的基础上，本研究结合理论研究和访谈研究收集并完善了相应的测量量表。通过探索性因子分析发现，四种资源冗余的条款各自归为了一个独立的因子；通过内部一致性分析发现，各个变量的测量条款的 Cronbach's α 都超过了 0.8（依次为 0.832，0.869，0.881 和 0.835），且各条款的 CITC 值都大于 0.5；通过验证性因子分析发现，这四个维度的测量量表的建构信度 CR 值都大于 0.8（依次为 0.8333，0.8702，0.8823 和 0.8367），平均抽取方差都大于 0.5（依次为 0.5008，0.5733，0.6004 和 0.5074）；通过相关性分析发现，各个维度之间相关系数最高值为 0.201。由此可见，这四个变量的测量量表具有较好的收敛效度、区分效度、聚合信度和内部信度，把资源冗余划分为这四种类型是合理的。

7.1.2　动态能力的内涵和类型

在系统梳理和深入分析现有文献的基础上，本研究整合了现有的各种研究，识别了内嵌于企业资源管理流程、风险应对流程和技术创新流程中的三种动态能力；同时，进一步把资源动态能力划分为资源调整能力和资源获取能力，把风险动态能力划分为风险承担能力和风险恢复能力，把技术动态能力划分为产品创新能力和流程创新能力，细化了动态能力的维度。

在对各种动态能力进行精确定义的基础上，本研究结合理论研究和访谈研究收集并完善了相应的测量量表。通过探索性因子分析发现，六种动态能力的条款各自归为了一个独立的因子；通过内部一致性分析发现，各个变量的测量条款的内部一致性 Cronbach's α 大多都超过了 0.8（依次为 0.876，0.818，0.825，0.879，0.785 和 0.826），且各条款的 CITC 值都大于 0.5；通过验证性因子分析发现，各个变量的测量量表的建构信度 CR 值大多都大于 0.8（依次为 0.8762，0.8200，0.8256，0.8803，0.7855 和 0.8279），平均抽取方差也都大于或接近 0.5（依次为 0.5861，0.4770，0.4421，0.5955，0.4233 和 0.4936）。此外，通过相关性分析发现，各个维度之间相关系数最高值为 0.312。由此可见，这六个变量的测量量表具有较好的收敛效度、区分效度、聚合信度和内部信度，把动态能力划分为这六种类型是合理的。

7.1.3 不同类型动态能力之间的关系

在完善动态能力的内涵和维度的基础上，本研究构建了"资源动态能力—风险动态能力—技术动态能力"的理论逻辑，探讨了不同类型动态能力之间的相互影响，深化了动态能力的相关理论。通过研究一的理论分析和实证检验发现，资源调整能力对企业风险承担能力有显著的正向影响，对其风险恢复能力的影响不显著；与之相对的是，资源获取能力对企业风险承担能力的影响不显著，对其风险恢复能力却有显著的正向影响。

同时，风险承担能力对产品创新能力和流程创新能力都有显著的正向影响；而风险恢复能力只对产品创新能力有显著的正向影响，对流程创新能力的影响不显著。

此外，本研究还发现了风险承担能力在资源调整能力与产品创新能力之间有显著的中介作用，风险承担能力在资源调整能力与流程创新能力之间也有显著的中介作用；而风险恢复能力在资源获取能力与产品创新能力之间有显著的中介作用，在资源获取能力与流程创新能力之间的中介作用不显著。

7.1.4 资源冗余对动态能力的影响

本研究从资源冗余的角度探讨了企业动态能力的来源，通过研究二分析了资源冗余对风险动态能力的影响，通过研究三分析了资源冗余对技术动态能力的影响，发现不同类型资源冗余对企业动态能力的作用是不同的，具体可总结如下：

（1）低流动性冗余对动态能力的影响。低流动性冗余对风险承担能力、风险恢复能力、产品创新能力和流程创新能力的影响都不显著。

（2）高流动性冗余对动态能力的影响。高流动性冗余对风险承担能力、风险恢复能力、产品创新能力和流程创新能力都有显著的正向影响。

（3）替代网络冗余对动态能力的影响。替代网络冗余对风险承担能力和风险恢复能力都有显著的正向影响，对产品创新能力和流程创新能力的影响都不显著。

（4）互补网络冗余对动态能力的影响。互补网络冗余对风险承担能力、风险恢复能力、产品创新能力和流程创新能力都有显著的正向影响。

7.1.5　动态能力对企业绩效的影响

本研究通过研究二分析了风险动态能力对企业绩效的影响，通过研究三分析了技术动态能力对企业绩效的影响，发现不同类型动态能力对企业成长绩效和财务绩效的作用是不一样的，具体可总结如下：

（1）风险承担能力对企业绩效的影响。风险承担能力对企业成长绩效的影响不显著，对财务绩效有显著的正向影响。

（2）风险恢复能力对企业绩效的影响。风险恢复能力对企业成长绩效的影响不显著，对财务绩效有显著的正向影响。

（3）产品创新能力对企业绩效的影响。产品创新能力对成长绩效有显著的正向影响，对财务绩效的影响不显著。

（4）流程创新能力对企业绩效的影响。流程创新能力对成长绩效有显著的正向影响，对财务绩效有显著的正向影响。

7.1.6　资源冗余对企业绩效的影响

本研究不仅分析了各种资源冗余对企业绩效的直接影响，还通过研究二分析了资源冗余通过风险动态能力对企业绩效的间接影响，通过研究三分析了资源冗余通过技术动态能力对企业绩效的间接影响，得到了大量有意义的结论，具体可总结如下：

（1）低流动性冗余对企业绩效的影响。低流动性冗余对成长绩效的直接影响不显著，通过各种动态能力的间接影响也都不显著；低流动性冗余对财务绩效有显著的负向的直接影响，对财务绩效的间接影响不显著。

（2）高流动性冗余对企业绩效的影响。高流动性冗余对成长绩效有显著的正向的直接影响，同时通过产品创新能力和流程创新能力对成长绩效都有显著的正向的间接影响，通过风险承担能力和风险恢复能力的间接影响都不显著；高流动性冗余对财务绩效有显著的正向的直接影响，同时通过风险承担能力、风险恢复能力和流程创新能力对财务绩效都有显著的正向的间接影响，通过产品创新能力的间接影响不显著。

（3）替代网络冗余对企业绩效的影响。替代网络冗余对成长绩效有显著的正向的直接影响，通过风险承担能力、风险恢复能力、产品创新能力和流程创新能力对成长绩效的间接影响都不显著；替代网络冗余对财务绩效的直接影响和间接影响都不显著。

（4）互补网络冗余对企业绩效的影响。互补网络冗余对成长绩效有显著的正向的直接影响，同时通过产品创新能力和流程创新能力对成长绩效都有显著的正向的间接影响，通过风险承担能力和风险恢复能力的间接影响都不显著；互补网络冗余对财务绩效有显著的正向的直接影响，同时通过风险承担能力和流程创新能力对财务绩效有显著的正向的间接影响，通过风险恢复能力和产品创新能力的间接影响都不显著。

7.1.7 环境动态性的调节作用

本研究发现在大多数情况下环境动态性的调节效应都不显著，不管环境动态性的高低，培育企业的风险动态能力和技术动态能力都可以提高企业绩效；但是，环境动态性在风险恢复能力与财务绩效之间的关系、产品创新能力和财务绩效之间的关系上有正向的调节作用，也就是说环境动态性越高，风险恢复能力和产品创新能力对企业绩效的作用越大。

7.2 理论贡献与实践启示

在严谨的理论分析和科学的实证分析的基础上，本研究得到了大量有意义的研究结论，对丰富和完善相关领域的理论有一定的贡献，对指导企业的管理实践也有一定的启示。

7.2.1 理论贡献

本研究在以下几个方面取得了一定的进展：

（1）丰富和完善了资源冗余的内涵和维度。现有研究中对资源冗余的讨论基本局限在企业的内部资源（Daniel et al.，2004；Kuusela，Keil & Maula，2017；Sharfman et al.，1988），本研究基于资源基础观和社会资本理论，把企业外部网络冗余纳入到资源冗余的范畴，丰富了资源冗余的相关理论。根据资源利用的灵活性，现有研究把资源冗余划分为低流动性冗余、高流动性冗余两类（Sharfman et al.，1988），相应地，本研究把企业外部资源划分为替代网络冗余、互补网络冗余两类，拓展了资源冗余的维度。

（2）丰富和完善了动态能力的内涵和维度。现有研究大多数遵从蒂斯、皮萨诺和苏安（Teece，Pisano & Shuen，1997）和温特（Winter，2003）的观点，把动态能力视为抽象的高阶能力，而把动态能力视为具体能力的研究又往往只关注单一的企业过程，彼此间缺乏沟通融合（Drnevich & Kriauciun-as，2011；Eisenhardt & Martin，2000；Zollo & Winter，2002）。本研究基于动态能力的流程观，识别了内嵌于企业资源管理、风险应对和技术创新三个不同流程中的六种动态能力，即资源调整能力、资源获取能力、风险承担能力、风险恢复能力、产品创新能力和流程创新能力，对现有研究成果进行了整合。

（3）发现了不同类型动态能力之间的关系。现有研究基于不同的目的和视角，研究了许多不同类型的动态能力，但彼此间缺乏沟通融合（Danneels，2011；Helfat，2007；Li & Liu，2014）；本研究建立了"资源动态能力—风险动态能力—技术动态能力"的逻辑链条，发现了资源动态能力对风险动态能力和技术动态能力的促进作用，风险动态能力对技术动态能力的促进作用，以及风险动态能力在资源动态能力和技术动态能力之间的中介作用，深化了动态能力的相关理论。

（4）阐明了资源冗余、动态能力和企业绩效之间的作用机制。首先，从资源冗余的角度探讨了企业动态能力的来源。现有研究中对企业动态能力前因的讨论大多只关注企业内部资源的存量，鲜有聚焦于企业资源冗余的（Battisti & Deakins，2017；Zhang & Wu，2017；Vlas，2017），本研究填补了这一空缺；同时，本研究还对比分析了不同类型的资源冗余对各种动态能力的不同影响，使得理论更细致深入。

其次，对比分析了不同类型动态能力对企业成长绩效和财务的不同影响。现有研究往往仅关注单一的动态能力对企业财务绩效的影响，本研究对比分析了风险承担能力、风险动态能力、产品创新能力和流程创新能力对企业成长绩效和财务绩效的不同影响，细化了动态能力的相关研究。

最后，揭示了动态能力在资源冗余与企业绩效之间的中介作用。现有研究已经讨论了资源冗余与企业绩效之间的关系（Cheng & Kesner，1997；Tan & Peng，2003；Zona，2012），也已经讨论了动态能力与企业绩效的关系（Girod & Whittington，2017；Lin & Wu，2014；Wilden & Gudergan，2013），但对资源冗余、动态能力和企业绩效之间关系的整合研究还很少；本研究通过建立"资源冗余—动态能力—企业绩效"的逻辑链条，发现了动态能力在资源冗余与企业绩效之间关系上的中介作用，打开了资源冗余与企业绩效间关系的黑箱，全面整合了资源冗余与动态能力的相关理论。

（5）厘清了环境动态性在动态能力和企业绩效之间关系的调节作用。现有研究中已经发现了资源冗余与企业绩效之间、动态能力和企业绩效之间存在不确定关系，但对于这些关系受到哪些情境因素的影响以及有什么样的影响仍然存在争议（Greenley & Oktemgil，1998；Schilke，2014；Zollo & Winter，2002）；本研究通过分析环境动态性在动态能力与企业绩效之间关系上的调节作用，发现在大多类型的动态能力与企业绩效之间的关系上环境动态性的调节作用都不显著。

7.2.2 实践启示

本研究在严谨的理论分析的基础上，对 217 家企业进行了实证调查和数据分析，探讨了"冗余资源—动态能力—企业绩效"的作用机制以及环境动态性的调节作用，所得的研究结论对企业如何根据自身条件构建其资源配置、发展其动态能力以应对环境的变化取得更好的企业绩效有一定的实践启示。

（1）科学地配置不同类型的资源冗余。本研究发现低流动性冗余对各种动态能力的促进作用并不显著，对企业成长绩效的影响也不显著，对财务绩效却有显著的负向影响；高流动性冗余、替代网络冗余和互补网络冗余对各种动态能力、成长绩效和财务绩效都有某种程度上的正向影响；因此，企业应当适当地减少其低流动性冗余，增加其高流动性冗余、替代网络冗余和互补网络冗余，从而提高企业资源冗余的积极作用。

（2）重视培育企业的各种动态能力。本研究发现风险承担能力和风险恢复能力对企业成长绩效的影响不显著，对财务绩效有显著的正向影响；产品创新能力对成长绩效有显著的正向影响，对财务绩效的影响不显著；流程创新能力对成长绩效有显著的正向影响,对财务绩效有显著的正向影响。因此,企业应当更重视培育其动态能力,并通过培育不同类型的动态能力促进其成长绩效和财务绩效。

(3) 平衡其成长绩效和财务绩效。本研究把企业的财务绩效和成长绩效同时纳入讨论并进行了对比分析,发现了不同类型的资源冗余和动态能力对财务绩效和成长绩效的不同影响。因此,企业可以通过配置不同的资源冗余和培育不同的动态能力实现成长绩效与财务绩效的平衡。

(4) 根据环境动态性的特点有针对性地培育不同的动态能力。本研究发现在大多数情况下环境动态性的调节效应都不显著,不管环境动态性的高低,培育企业的动态能力可以优化其资源配置和能力构成从而有利于提高企业绩效;但是在环境动态性较低的情况下,维持较高的风险恢复能力可能会增加企业的运营成本从而降低其财务绩效,盲目地进行产品创新也可能会得不到市场的认可而降低企业的财务绩效。因此,企业应当根据环境动态性的高低有针对性地培育不同的动态能力。

7.3　研究局限与展望

7.3.1　研究局限

本研究力求严格地遵从科学原则和标准开展,对相关领域的理论发展和管理实践做出了一定的贡献。但由于受制于许多客观因素,本研究也仍然存在着一些局限和不足,需要在后续的研究中进一步完善。

其一,本研究旨在探讨资源冗余对动态能力和企业绩效的影响,但是从资源冗余的利用到动态能力的培育需要一定时间的酝酿,从动态能力的应用到企业绩效的达成也需要一定的时间积累,因此最佳的研究设计应当是纵向研究;然而,受制于调研时间、资源、费用等因素,本研究没有能够对企业进行长时间的跟踪调查,而只能采取同一时间节点的调研数据。因此,在未来的研究中,需要采用纵向研究设计,分三个时间节点收集资源冗余、动态能力和企业绩效的数据进行分析,强化研究结论的因果推论性。

其二，受制于笔者的社会关系和调研成本，本研究只能调查到广州、深圳、杭州、宁波和上海这五个城市的二百多家企业，在样本选择上也未能做到完全随机，存在一定的取样偏差。因此，在未来的研究中，可以进一步扩大调研区域和调研企业的数量，减小调研数据的样本偏差。

其三，本研究对资源冗余、动态能力、企业绩效和环境动态性等变量的测量都采用了 5 级 Likert 量表的主观评价方法；尽管本研究通过严谨的理论研究和访谈研究尽可能地保障了测量量表的质量，但毕竟不是对企业情况的客观记录，研究的信度和效度可能会受到一定程度的损害。因此，在未来的研究中，可以综合使用访谈法、观察法、问卷测量法、客观资料分析法和二手数据等方法测量这些研究变量，以提高研究数据的准确度。

7.3.2 研究展望

在本研究的基础上，未来的研究还可以从以下几个方面进行更深入的探讨：

其一，本研究识别了低流动性冗余、高流动性冗余、替代网络冗余和互补网络冗余四种不同的资源冗余，并发现了它们对企业动态能力和绩效的不同影响；未来研究可以探讨这些不同类型资源冗余的前因的差异，也可以进一步探讨它们对企业学习行为、多元化战略、国际化战略等活动的不同影响。

其二，本研究分析了资源动态能力、风险动态能力和技术动态能力这三种不同的动态能力，并发现了它们之间的相互影响和它们对企业绩效的不同影响；这些动态能力的不同组合状况也可能对企业绩效产生不同影响，未来的研究可以进一步探索它们之间的交互效应。

其三，本研究发现环境动态性在多数动态能力和企业绩效之间的调节作用都不显著，在少数类型动态能力与企业绩效之间有显著的调节作用。那么，这样的差异是如何产生的呢？环境动态性的不同维度，比如技术动态性、市场动态性和竞争动态性，在这些关系上的调节作用又有什么差异呢？

附录 调研问卷

尊敬的女士/先生：

您好！感谢您在百忙之中填写这份问卷。以下问题的答案没有对错，只要是您的真实情况，就是最有价值的。我郑重向您承诺：此问卷不涉及您个人和企业的任何商业秘密，且仅用于学术研究！请您放心填写。

谢谢您的合作和宝贵的时间！如果您对本研究结果感兴趣，欢迎与我联系。

第一部分 调研内容
（请根据贵企业的整体情况，在相应的选项上打钩"√"）

编号	条款内容	完全不同意	不同意	不确定	同意	完全同意
LD1	即使所有员工每天减少工作一个小时，我们的产出也不会减少	1	2	3	4	5
LD2	即使运营预算减少一部分，我们的工作也能正常开展	1	2	3	4	5
LD3	如果企业面临危机，我愿意少拿一点工资	1	2	3	4	5
LD4	如果企业面临危机，我愿意放弃一部分福利津贴	1	2	3	4	5
LD5	如果厂房设备都满负荷工作，我们的产出还能大大增加	1	2	3	4	5
HD1	相比于我们的规模，我们企业的应收账款数额很大	1	2	3	4	5
HD2	相比于我们的规模，我们企业未支付供应商的欠款数额很大	1	2	3	4	5
HD3	相比于我们的规模，我们企业每年可留存的收益非常少	1	2	3	4	5
HD4	相比于我们的规模，我们企业持有的周转资金很紧张	1	2	3	4	5

续表

编号	条款内容	完全不同意	不同意	不确定	同意	完全同意
HD5	相比于我们的规模，我们企业的短期投资数额很大	1	2	3	4	5
SN1	我们的供应商有余力增加供给	1	2	3	4	5
SN2	我们的生产商有余力扩大生产	1	2	3	4	5
SN3	我们的分销商有余力销售更多的产品	1	2	3	4	5
SN4	我们需要的原材料在市场上很容易购买到	1	2	3	4	5
SN5	我们的产品只有特定的厂家才有能力制造	1	2	3	4	5
CN1	我们可以从咨询公司获取最新的市场信息	1	2	3	4	5
CN2	我们可以依靠科研机构解决各种新问题	1	2	3	4	5
CN3	我们与许多企业建立了产品研发联盟	1	2	3	4	5
CN4	我们与各种不同行业的企业保持着良好沟通	1	2	3	4	5
CN5	我们与许多国外先进企业建立了合作关系	1	2	3	4	5
RA1	我们能及时重新调配资源以应对环境变化	1	2	3	4	5
RA2	我们的资源重新调配有清晰的流程	1	2	3	4	5
RA3	在资源调配过程中不同部门间保持着有效沟通	1	2	3	4	5
RA4	我们的资源调配能随着业务重心的调整迅速改变	1	2	3	4	5
RA5	我们能在短时间内把资源从旧项目中抽出用于新项目	1	2	3	4	5
AQ1	我们能根据战略调整制订资源获取计划	1	2	3	4	5
AQ2	我们清楚从哪里可以获取所需的信息和技术	1	2	3	4	5
AQ3	我们能根据需要快速地获取新资源	1	2	3	4	5
AQ4	我们很难获取需要的尖端技术	1	2	3	4	5
AQ5	我们缺乏资源支撑业务发展	1	2	3	4	5
M1	我们企业附近的道路有沿街绿化	1	2	3	4	5
M2	在我们企业附近散步能看见许多有趣的东西	1	2	3	4	5
M3	我们企业附近有许多迷人的自然景观	1	2	3	4	5
M4	我们企业附近有很多美观的建筑	1	2	3	4	5
PD1	我们经常开发新产品/服务，并被市场广泛接受	1	2	3	4	5

编号	条款内容	完全不同意	不同意	不确定	同意	完全同意
PD2	我们的利润很大部分来自于新开发的产品/服务	1	2	3	4	5
PD3	我们开发的新产品/服务经常引起竞争对手的模仿	1	2	3	4	5
PD4	我们总是能比竞争对手更快地发布新产品/服务	1	2	3	4	5
PD5	我们在新产品/服务的研发上比竞争对手更有实力	1	2	3	4	5
PD6	我们经常能把旧产品转化为新产品以满足市场	1	2	3	4	5
PC1	我们经常尝试不同的工艺、生产方法	1	2	3	4	5
PC2	我们经常获取新的技巧或设备以提升制造工艺或服务流程	1	2	3	4	5
PC3	我们经常开发更高效率的制造工艺或服务流程	1	2	3	4	5
PC4	我们能灵活地根据客户需求提供个性化的产品或服务	1	2	3	4	5
PC5	我们开发的新制造工艺或服务流程经常引起竞争对手的模仿	1	2	3	4	5
BR1	我们比主要竞争对手更能抵抗经济形势的恶化	1	2	3	4	5
BR2	新的竞争者很难对我们的市场份额造成太大冲击	1	2	3	4	5
BR3	部分研发项目的失败不会使我们在竞争中落后	1	2	3	4	5
BR4	若新产品没获得市场认可，我们的整体财务表现会变得很糟	1	2	3	4	5
BR5	一次产品质量问题就会使我们的企业一蹶不振	1	2	3	4	5
RC1	经济形势恶化时我们也能找到发展机会	1	2	3	4	5
RC2	我们能及时发现新的竞争者并积极应对	1	2	3	4	5
RC3	研发项目失败后，我们能积极总结经验并投入新的项目	1	2	3	4	5
RC4	新产品市场反响不佳时，我们能快速找到原因并推出改进版本	1	2	3	4	5
RC5	即使出现大的失误，我们也能东山再起	1	2	3	4	5
FP1	与主要竞争对手相比，我们企业的资产回报率更高	1	2	3	4	5
FP2	与主要竞争对手相比，我们企业的净资产收益率比较低	1	2	3	4	5
FP3	与主要竞争对手相比，我们企业的销售利润率更高	1	2	3	4	5
FP4	与主要竞争对手相比，我们企业的效益更好	1	2	3	4	5
GP1	与主要竞争对手相比，我们企业的年均营业收入增长率更高	1	2	3	4	5
GP2	与主要竞争对手相比，我们企业的员工数量增长更快	1	2	3	4	5

续表

编号	条款内容	完全不同意	不同意	不确定	同意	完全同意
GP3	与主要竞争对手相比，我们企业的市场占有率增长速度更快	1	2	3	4	5
GP4	与主要竞争对手相比，我们企业的年均利润增长率更低	1	2	3	4	5
ED1	我们行业的生产/服务模式经常发生大的改变	1	2	3	4	5
ED2	我们行业的顾客需求在不断变化	1	2	3	4	5
ED3	我们行业的营销模式在不断变化	1	2	3	4	5
ED4	我们行业面临的环境变化很难预料	1	2	3	4	5
ED5	我们行业中经常有新的商业模式出现	1	2	3	4	5

第二部分　个人及企业基本信息

一、个人基本情况（请您填写，或在相应的选项上打钩"√"）

1. 您的性别是（　　　）

A. 男　B. 女

2. 您的年龄是（　　　）

A. 28 岁及以下　B. 29～33 岁　C. 34～39 岁　D. 40～45 岁

E. 46 岁及以上

3. 您已取得的最高学历是（　　　）

A. 大专及以下　B. 本科　C. 硕士研究生　D. 博士研究生

4. 您现在的职位是（　　　）

A. 普通员工　B. 基层管理者　C. 中层管理者　D. 高层管理者

5. 你所属的部门是（　　　）

A. 总经理　B. 生产部门　C. 研发部门　D. 市场部门　E. 财务部门

6. 您在当前公司工作的时间有（　　　）

A. 1 年以下　B. 1～3 年　C. 4～6 年　D. 7～10 年　E. 11～14 年

F. 15 年及以上

二、企业基本信息（请您填写，或在相应的选项上打钩"√"）

1. 贵企业成立至今有多少年了？（　　　）

A. 未满 3 年　B. 3～4 年　C. 5～8 年　D. 9～14 年　E. 15～29 年

F. 30 年及以上

2. 贵企业员工总数大概有多少？（　　　）

A. 少于100 人　B. 100～499 人　C. 500～999 人　D. 1000 人及以上

3. 贵企业的所有制性质属于哪类？（　　　）

A. 国有独资　B. 国有控股　C. 集体独资　D. 集体控股　E. 私营独资

F. 私营控股　G. 外商独资　H. 外商控股

4. 贵企业的主营业务是＿＿＿＿＿＿＿＿＿＿＿＿＿＿＿＿（请填写）

问卷到此结束，谢谢您的帮助！

参考文献

［1］宝贡敏，龙思颖．企业动态能力研究：最新述评与展望［J］．外国经济与管理，2015，37（7）：74-87．

［2］陈寿雨．中小企业创新的风险与绩效研究［D］．杭州：浙江大学，2014．

［3］陈晓萍，徐淑英，樊景立．组织与管理研究的实证方法［M］．北京：北京大学出版社，2012．

［4］董保宝，李白杨．新创企业学习导向、动态能力与竞争优势关系研究［J］．管理学报，2014，11（3）：376-382．

［5］冯军政，刘洋，金露．企业社会网络对突破性创新的影响研究——创业导向的中介作用［J］．研究与发展管理，2015，27（2）：89-100．

［6］冯军政，魏江．国外动态能力维度划分及测量研究综述与展望［J］．外国经济与管理，2011，33（7）：26-33．

［7］郭秋云，李南，谢嗣胜．前摄型人格对员工工作形塑行为的影响——员工心理安全感知与组织冗余资源的调节作用［J］．技术经济，2017，36（9）：68-75．

［8］黄海艳，武蓓．交互记忆系统、动态能力与创新绩效关系研究［J］．科研管理，2016，37（4）：68-76．

［9］蒋春燕，赵曙明．组织冗余与绩效的关系：中国上市公司的时间序列实证研究［J］．管理世界，2004（5）：108-115．

［10］焦豪，魏江，崔瑜．企业动态能力构建路径分析：基于创业导向

和组织学习的视角 [J]. 管理世界, 2008 (4): 91 –106.

[11] 李苗. 动态环境下企业冗余资源和技术创新的关系研究 [D]. 广州: 广东外语外贸大学, 2015.

[12] 李文君, 李晓翔. 突发事件严重程度与企业绩效的关系研究——基于冗余资源调节作用的实证分析 [J]. 现代管理科学, 2011 (11): 55 –57.

[13] 李文君, 刘春林. 经济危机环境下冗余资源与公司绩效的关系研究——基于行业竞争强度的调节作用 [J]. 当代经济科学, 2011 (5): 85 –91.

[14] 李晓翔, 刘春林. 高流动性冗余资源还是低流动性冗余资源——一项关于组织冗余结构的经验研究 [J]. 中国工业经济, 2010 (7): 94 –103.

[15] 李远东. 组织遗忘, 突破式创新与组织绩效研究——基于冗余资源的调节作用 [J]. 软科学, 2016, 30 (6): 88 –91.

[16] 李梓涵昕, 朱桂龙. 忘却学习对突破性创新的影响——基于关系型社会资本与冗余资源的调节作用 [J]. 科学学与科学技术管理, 2016, 37 (6): 43 –54.

[17] 廖中举, 黄超, 姚春序. 组织资源冗余: 概念, 测量, 成因与作用 [J]. 外国经济与管理, 2016, 38 (10): 49 –59.

[18] 廖中举. 基于认知视角的企业突发事件预防行为及其绩效研究 [D]. 杭州: 浙江大学, 2015.

[19] 刘冰, 符正平, 邱兵. 冗余资源, 企业网络位置与多元化战略 [J]. 管理学报, 2011, 8 (12): 1792 –1801.

[20] 龙思颖. 基于认知视角的企业动态能力及其绩效研究 [D]. 杭州: 浙江大学, 2016.

[21] 马鸿佳, 董保宝, 葛宝山. 创业能力、动态能力与企业竞争优势的关系研究 [J]. 科学学研究, 2014, 32 (3): 431 –440.

[22] 马庆国. 管理统计: 数据获取、统计原理、SPSS 工具与应用研究 [M]. 北京: 科学出版社, 2002.

[23] 潘松挺. 网络关系强度与技术创新模式的耦合及其协同演化 [D]. 杭州: 浙江大学, 2009.

[24] 王庆喜, 宝贡敏. 社会网络、资源获取与小企业成长 [J]. 管理工程学报, 2007, 21 (4), 57 –61.

[25] 王亚妮, 程新生. 环境不确定性, 沉淀性冗余资源与企业创新——

基于中国制造业上市公司的经验证据［J］.科学学研究，2014，32（8）：
1242 – 1250.

［26］王毅，陈劲，许庆瑞.企业核心能力：理论溯源与逻辑结构剖析
［J］.管理科学学报，2000（3）：24 – 32 + 43.

［27］王永健，谢卫红，王田绘，等.强弱关系与突破式创新关系研究——
吸收能力的中介作用和环境动态性的调节效应［J］.管理评论，2016，28
（10）：111 – 122.

［28］韦影.企业社会资本对技术创新绩效的影响：基于吸收能力的视
角［D］.杭州：浙江大学，2005.

［29］温忠麟，刘红云，侯杰泰.调节效应和中介效应分析［M］.北京：
教育科学出版社，2012.

［30］温忠麟，张雷，侯杰泰，刘红云.中介效应检验程序及其应用
［J］.心理学报，2004，36（5）：614 – 620.

［31］吴航，陈劲.新兴经济国家企业国际化模式影响创新绩效机制——
动态能力理论视角［J］.科学学研究，2014，32（8）：1262 – 1270.

［32］叶林祥，李实，罗楚亮.行业垄断，所有制与企业工资收入差距
［J］.管理世界，2011（4）：26 – 36.

［33］张敏，童丽静，许浩然.社会网络与企业风险承担——基于我国
上市公司的经验证据［J］.管理世界，2015（11）：161 – 175.

［34］张世琪.文化距离、顾客感知冲突与服务绩效的关系研究［D］.
杭州：浙江大学，2012.

［35］赵卓嘉.团队内部人际冲突，面子对团队创造力的影响研究［D］.
杭州：浙江大学，2009.

［36］朱福林，陶秋燕.中小企业成长的社会网络关系研究——以北京
市科技型中小企业调研数据为例［J］.科学学研究，2014，32（10）：1539 –
1545.

［37］Adomako S，Danso A. Regulatory environment，environmental dyna-
mism，political ties，and performance：Study of entrepreneurial firms in a develo-
ping economy［J］. Journal of Small Business and Enterprise Development，2014，
21（2）：212 – 230.

［38］Aiken L S，West S G，Reno R R. Multiple regression：Testing and interpreting interactions [M]. Newbury Park, CA: Sage, 1991.

[39] Ajzen I. Attitudes, personality, and behavior [M]. New York: McGraw – Hill, 2005.

[40] Akgul A K, Gozlu S, Tatoglu E. Linking operations strategy, environmental dynamism and firm performance: Evidence from Turkish manufacturing companies [J]. Kybernetes, 2015, 44 (3): 406 –422.

[41] Alessandri T M, Pattit J M. Drivers of R&D investment: The interaction of behavioral theory and managerial incentives [J]. Journal of Business Research, 2014, 67 (2): 151 –158.

[42] Alford P, Duan Y. Understanding collaborative innovation from a dynamic capabilities perspective [J]. International Journal of Contemporary Hospitality Management, 2018, 30 (6): 2396 –2416.

[43] Ambrosini V, Bowman C, Collier N. Dynamic capabilities: An exploration of how firms renew their resource base [J]. British Journal of Management, 2009, 20 (s1): S9 –S24.

[44] Ambrosini V, Bowman C. What are dynamic capabilities and are they a useful construct in strategic management? [J]. International Journal of Management Reviews, 2009, 11 (1): 29 –49.

[45] Anand S. Sarbanes-Oxley guide for finance and information technology professionals [M]. Hoboken, NJ: John Wiley & Sons, Inc, 2015.

[46] Anderson N R, West M A. Measuring climate for work group innovation: Development and validation of the team climate inventory [J]. Journal of Organizational Behavior, 1996, 19 (3): 235 –258.

[47] Ar I M, Baki B. Antecedents and performance impacts of product versus process innovation [J]. European Journal of Innovation Management, 2011, 14 (2): 172 –206.

[48] Arena M, Arnaboldi M, Azzone G. The organizational dynamics of enterprise risk management [J]. Accounting, Organizations and Society, 2010, 35 (7): 659 –675.

[49] Arend R J, Bromiley P. Assessing the dynamic capabilities view: Spare change, everyone? [J]. Strategic Organization, 2009, 7 (1): 75 –90.

［50］ Argilés-Bosch J M, Garcia-Blandon J, Martinez-Blasco M. The impact of absorbed and unabsorbed slack on firm profitability: Implications for resource rede-ployment ［J］. Advances in Strategic Management, 2016, 35: 371 – 395.

［51］ Atuahene-Gima K. The effects of centrifugal and centripetal forces on product development speed and quality: How does problem solving matter? ［J］. Academy of Management Journal, 2003, 46 （3）: 359 – 373.

［52］ Augier M, Teece D J. Dynamic capabilities and the role of managers in business strategy and economic performance ［J］. Organization Science, 2009, 20 （2）: 410 – 421.

［53］ Bagozzi R P, Phillips L W. Representing and testing organizational theo-ries: A holistic construal ［J］. Administrative Science Quarterly, 1982, 27 （3）: 459 – 489.

［54］ Barney J B, Hesterly W S. Strategic management and competitive ad-vantage ［M］. Upper Saddle River, NJ: Pearson Education, 2010.

［55］ Barney J B, Ketchen Jr. D J, Wright M. The future of resource-based theory: Revitalization or decline? ［J］. Journal of Management, 2011, 37 （5）: 1299 – 1315.

［56］ Barney J B. Gaining and sustaining competitive advantage ［M］. Don Mills, Ontario: Addison-Wesley Publishing Company, 1997.

［57］ Barney J. Firm resources and sustained competitive advantage ［J］. Journal of Management, 1991, 17 （1）: 99 – 120.

［58］ Baron R M, Kenny D A. The moderator-mediator variable distinction in social psychological research: Conceptual, strategic, and statistical considerations ［J］. Journal of Personality and Social Psychology, 1986, 51 （6）: 1173 – 1182.

［59］ Barreto I. Dynamic capabilities: A review of past research and an agen-da for the future ［J］. Journal of Management, 2010, 36 （1）: 256 – 280.

［60］ Battisti M, Deakins D. The relationship between dynamic capabilities, the firm's resource base and performance in a post-disaster environment ［J］. Inter-national Small Business Journal, 2017, 35 （1）: 78 – 98.

［61］ Benner M J, Tushman M L. Exploitation, exploration, and process management: The productivity dilemma revisited ［J］. Academy of Management

Review, 2003, 28 (2): 238 –256.

[62] Bennett R J, Robinson S L. Development of a measure of workplace deviance [J]. Journal of Applied Psychology, 2000, 85 (3): 349 –360.

[63] Blyler M, Coff R W. Dynamic capabilities, social capital, and rent appropriation: Ties that split pies [J]. Strategic Management Journal, 2003, 24 (7): 677 –686.

[64] Bourdieu P. As contradições da herança [M]//Lins D. Cultura e subjetividade: Saberes Nômades. Campinas: Papirus, 1997: 1 –17.

[65] Bourdieu P. La Noblesse d'etat: Grandes ecoles et esprit de corps [M]. Paris: Editions de Minuit, 1980.

[66] Bourgeois L J, Singh J V. Organizational slack and political behavior among top management teams [J]. Academy of Management Proceedings, 1983 (1): 43 –47.

[67] Bourgeois L J. On the measurement of organizational slack [J]. Academy of Management Review, 1981, 6 (1): 29 –39.

[68] Bowers J, Khorakian A. Integrating risk management in the innovation project [J]. European Journal of Innovation Management, 2014, 27 (1): 1065 –1081.

[69] Bowman C, Ambrosini V. How the resource-based and the dynamic capability views of the firm inform corporate-level strategy [J]. British Journal of Management, 2003, 14 (4): 289 –303.

[70] Bradley S W, Shepherd D A, Wiklund J. The importance of slack for new organizations facing 'tough' environments [J]. Journal of Management Studies, 2011, 48 (5): 1071 –1097.

[71] Bradley S W, Wiklund J, Shepherd D A. Swinging a double-edged sword: The effect of slack on entrepreneurial management and growth [J]. Journal of Business Venturing, 2011, 26 (5): 537 –554.

[72] Breznik L, Hisrich R. Dynamic capabilities vs. innovation capability: Are they related? [J]. Journal of Small Business and Enterprise Development, 2014, 21 (3): 368 –384.

[73] Bromiley P. Testing a causal model of corporate risk taking and perform-

ance [J]. Academy of Management Journal, 1991, 34 (1): 37 –59.

[74] Brush C G, Greene P G, Hart M M. From initial idea to unique advantage: The entrepreneurial challenge of constructing a resource base [J]. Academy of Management Perspectives, 2001, 15 (1): 64 –78.

[75] Burt R S. The network structure of social capital [J]. Research in Organizational Behavior, 2000, 22: 345 –423.

[76] Cain M D, McKeon S B. CEO personal risk-taking and corporate policies [J]. Journal of Financial and Quantitative Analysis, 2016, 51 (1): 139 –164.

[77] Calantone R J, Cavusgil S T, Zhao Y. Learning orientation, firm innovation capability, and firm performance [J]. Industrial Marketing Management, 2002, 31 (6): 515 –524.

[78] Cepeda G, Vera D. Dynamic capabilities and operational capabilities: A knowledge management perspective [J]. Journal of Business Research, 2007, 60 (5): 426 –437.

[79] Chan H K, Yee R W Y, Dai J, et al. The moderating effect of environmental dynamism on green product innovation and performance [J]. International Journal of Production Economics, 2016, 181 (B): 384 –391.

[80] Chandy R K, Tellis G J. The incumbent's curse? Incumbency, size, and radical product innovation [J]. Journal of Marketing, 2000, 64 (3): 1 –17.

[81] Chen C J, Huang Y F. Creative workforce density, organizational slack, and innovation performance [J]. Journal of Business Research, 2010, 63 (4): 411 –417.

[82] Chen Y C, Li P C, Lin Y H. How inter-and intra-organisational coordination affect product development performance: The role of slack resources [J]. Journal of Business & Industrial Marketing, 2013, 28 (2): 125 –136.

[83] Cheng J L, Kesner I F. Organizational slack and response to environmental shifts: The impact of resource allocation patterns [J]. Journal of Management, 1997, 23 (1): 1 –18.

[84] Child J. Organizational structure, environment and performance: The role of strategic choice [J]. Sociology, 1972, 6 (1): 1 –22.

[85] Chiu Y C, Liaw Y C. Organizational slack: Is more or less better? [J].

Journal of Organizational Change Management, 2009, 22 (3): 321 –342.

[86] Cho S Y, Arthurs J D, Townsend D M, et al. Performance deviations and acquisition premiums: The impact of CEO celebrity on managerial risk-taking [J]. Strategic Management Journal, 2016, 37 (13): 2677 –2694.

[87] Collis D, Montgomery C. Corporate strategy: Resources and the scope of the firm [M]. McGraw-Hill: Irwin, 1997.

[88] Combs J G, Ketchen Jr. D J, Ireland R D, et al. The role of resource flexibility in leveraging strategic resources [J]. Journal of Management Studies, 2011, 48 (5): 1098 –1125.

[89] Conner K R. A historical comparison of resource-based theory and five schools of thought within industrial organization economics: Do we have a new theory of the firm? [J]. Journal of Management, 1991, 17 (1): 121 –154.

[90] Coombs J E, Bierly P E. Measuring technological capability and performance [J]. R&D Management, 2006, 36 (4): 421 –438.

[91] Cui A S, O'Connor G. Alliance portfolio resource diversity and firm innovation [J]. Journal of Marketing, 2012, 76 (4): 24 –43.

[92] Cyert R M, March J G. A behavioral theory of the firm [M]. Englewood Cliffs, NJ: Prentice-Hall, 1963.

[93] Daniel F, Lohrke F T, Fornaciari C J, Turner R A. Slack resources and firm performance: A meta-analysis [J]. Journal of Business Research, 2004, 57 (6): 565 –574.

[94] Danneels E. Organizational antecedents of second-order competences [J]. Strategic Management Journal, 2008, 29 (5): 519 –543.

[95] Danneels E. Survey measures of first-and second-order competences [J]. Strategic Management Journal, 2016, 37 (10): 2174 –2188.

[96] Danneels E. Trying to become a different type of company: Dynamic capability at Smith Corona [J]. Strategic Management Journal, 2011, 32 (1): 1 –31.

[97] Darroch J. Knowledge management, innovation and firm performance [J]. Journal of Knowledge Management, 2005, 9 (3): 101 –115.

[98] Das T K, Teng B S. A resource-based theory of strategic alliances [J].

Journal of Management, 2000, 26 (1): 31 - 61.

[99] Davis G F, Stout S K. Organization theory and the market for corporate control: A dynamic analysis of the characteristics of large takeover targets, 1980—1990 [J]. Administrative Science Quarterly, 1992, 37 (4): 605 - 633.

[100] De Brentani U. Innovative versus incremental new business services: Different keys for achieving success [J]. Journal of Product Innovation Management, 2001, 18 (3): 169 - 187.

[101] De Leeuw T, Lokshin B, Duysters G. Returns to alliance portfolio diversity: The relative effects of partner diversity on firm's innovative performance and productivity [J]. Journal of Business Research, 2014, 67 (9): 1839 - 1849.

[102] Debruyne M, Frambach R T, Moenaert R. Using the weapons you have: The role of resources and competitor orientation as enablers and inhibitors of competitive reaction to new products [J]. Journal of Product Innovation Management, 2010, 27 (2): 161 - 178.

[103] Deeds D L, De Carolis D, Coombs J. Dynamic capabilities and new product development in high technology ventures: An empirical analysis of new biotechnology firms [J]. Journal of Business Venturing, 2000, 15 (3): 211 - 229.

[104] Di Stefano G, Peteraf M, Verona G. Dynamic capabilities deconstructed: A bibliographic investigation into the origins, development, and future directions of the research domain [J]. Industrial and Corporate Change, 2010, 19 (4): 1187 - 1204.

[105] Dibrell C, Craig J, Hansen E. Natural environment, market orientation, and firm innovativeness: An organizational life cycle perspective [J]. Journal of Small Business Management, 2011, 49 (3): 467 - 489.

[106] Dittrich K, Duysters G. Networking as a means to strategy change: The case of open innovation in mobile telephony [J]. Journal of Product Innovation Management, 2007, 24 (6): 510 - 521.

[107] Dosi G, Nelson R, Winter S. The Nature and Dynamics of Organizational Capabilities [M]. Oxford, UK: Oxford University Press, 2000.

[108] Drnevich P L, Kriauciunas A P. Clarifying the conditions and limits of the contributions of ordinary and dynamic capabilities to relative firm performance

[J]. Strategic Management Journal, 2011, 32 (3): 254 – 279.

[109] Dutz M A. Resource Reallocation and Innovation: Converting Enterprise Risks into Opportunities [M]//Bounfour A, Miyagawa T. Intangibles, Market Failure and Innovation Performance. Heidelberg: Springer, 2015: 241 – 290.

[110] Duysters G, Heimeriks K H, Lokshin B, Meijer E, Sabidussi A. Do firms learn to manage alliance portfolio diversity? The diversity-performance relationship and the moderating effects of experience and capability [J]. European Management Review, 2012, 9 (3): 139 – 152.

[111] Easterby-Smith M, Lyles M A, Peteraf M A. Dynamic capabilities, Current debates and future directions [J]. British Journal of Management, 2009, 20 (s1): S1 – S8.

[112] Eisenhardt K M, Martin J A. Dynamic capabilities: What are they? [J]. Strategic Management Journal, 2000, 21 (10 – 11): 1105 – 1121.

[113] Engen M, Holen I E. Radical versus Incremental innovation: The importance of key competences in service firms [J]. Technology Innovation Management Review, 2014, 4 (4): 15 – 25.

[114] Eroglu C, Hofer C. The effect of environmental dynamism on returns to inventory leanness [J]. Journal of Operations Management, 2014, 32 (6): 347 – 356.

[115] Faccio M, Marchica M T, Mura R. CEO gender, corporate risk-taking, and the efficiency of capital allocation [J]. Journal of Corporate Finance, 2016, 39: 193 – 209.

[116] Faems D, De Visser M, Andries P, Van Looy B. Technology alliance portfolios and financial performance: Value-enhancing and cost-increasing effects of open innovation [J]. Journal of Product Innovation Management, 2010, 27 (6): 785 – 796.

[117] Fang E. Customer participation and the trade-off between new product innovativeness and speed to market [J]. Journal of Marketing, 2008, 72 (4): 90 – 104.

[118] Farh J L, Early P C, Lin S C. Impetus for action: A cultural analysis of justice and organizational citizenship behavior in Chinese society [J]. Adminis-

trative Science Quarterly, 1997, 42 (3): 421 -444.

[119] Fatemi A, Luft C. Corporate risk management: Costs and benefits [J]. Global Finance Journal, 2002, 13 (1): 29 -38.

[120] Felin T, Powell T C. Designing organizations for dynamic capabilities [J]. Social Science Electronic Publishing, 2016, 58 (4): 78 -96.

[121] Fornell C, Larcker D F. Evaluating structural equation models with unobservable variables and measurement error [J]. Journal of Marketing Research, 1981, 18 (2): 39 -50.

[122] Freeman C. The economics of industrial innovation [J]. Social Science Electronic Publishing, 1997, 7 (2): 215 -219.

[123] Frishammar J, Kurkkio M, Abrahamsson L, et al. Antecedents and consequences of firms' process innovation capability: A literature review and a conceptual framework [J]. IEEE Transactions on Engineering Management, 2012, 59 (4): 519 -529.

[124] Fritsch M, Meschede M. Product innovation, process innovation, and size [J]. Review of Industrial Organization, 2001, 19 (3): 335 -350.

[125] Galloway D, Funston R. The challenges of enterprise risk management [J]. Balance Sheet, 2000, 8 (6): 22 -25.

[126] Gavetti G. Cognition and hierarchy: Rethinking the microfoundations of capabilities' development [J]. Organization Science, 2005, 16 (6): 599 -617.

[127] Geiger S W, Cashen L H. A multidimensional examination of slack and its impact on innovation [J]. Journal of Managerial Issues, 2002, 14 (1): 68 -84.

[128] Geiger S W, Makri M. Exploration and exploitation innovation processes: The role of organizational slack in R&D intensive firms [J]. The Journal of High Technology Management Research, 2006, 17 (1): 97 -108.

[129] Gentry R, Dibrell C, Kim J. Long-term orientation in publicly traded family businesses: Evidence of a dominant logic [J]. Entrepreneurship Theory and Practice, 2016, 40 (4): 733 -757.

[130] Georg G. Slack resources and the performance of privately held firms [J]. Academy of Management Journal, 2005, 48 (4): 661 -676.

[131] George G, Zahra S A, Wheatley K K, et al. The effects of alliance portfolio characteristics and absorptive capacity on performance: A study of biotechnology firms [J]. The Journal of High Technology Management Research, 2001, 12 (2): 205 - 226.

[132] Girod S J G, Whittington R. Reconfiguration, restructuring and firm performance: Dynamic capabilities and environmental dynamism [J]. Strategic Management Journal, 2017, 38 (5): 1121 - 1133.

[133] Gordon L A, Loeb M P, Tseng C Y. Enterprise risk management and firm performance: A contingency perspective [J]. Journal of Accounting and Public Policy, 2009, 28 (4): 301 - 327.

[134] Granovetter M S. The strength of weak ties [J]. Social Networks, 1977, 78 (6): 347 - 367.

[135] Granovetter M. Economic action and social structure: The problem of embeddedness [J]. American Journal of Sociology, 1985, 91 (3): 481 - 510.

[136] Grant R M. Toward a knowledge-based theory of the firm [J]. Strategic Management Journal, 1996, 17 (S2): 109 - 122.

[137] Greenley G E, Oktemgil M. A comparison of slack resources in high and low performing British companies [J]. Journal of Management Studies, 1998, 35 (3): 377 - 398.

[138] Greve H R. Exploration and exploitation in product innovation [J]. Industrial and Corporate Change, 2007, 16 (5): 945 - 975.

[139] Griffith D A, Harvey M G. A resource based perspective of global dynamic capabilities [J]. Journal of International Business Studies, 2006, 32 (3): 597 - 606.

[140] Gronum S, Verreynne M L, Kastelle T. The role of networks in small and medium-sized enterprise innovation and firm performance [J]. Journal of Small Business Management, 2012, 50 (2): 257 - 282.

[141] Gruber M, Heinemann F, Brettel M, et al. Configurations of resources and capabilities and their performance implications: An exploratory study on technology ventures [J]. Strategic Management Journal, 2010, 31 (12): 1337 - 1356.

[142] Gulati R. Alliances and networks [J]. Strategic Management Journal,

1998, 19 (4): 293 – 317.

[143] Gulati R. Network location and learning: The influence of network re-sources and firm capabilities on alliance formation [J]. Strategic Management Journal, 1999, 20 (5): 397 – 420.

[144] Hair J, Black W, Babin B, Anderson R, et al. Multivariate data a-nalysis [M]. Uppersaddle River, NJ: Pearson Prentice Hall, 2006.

[145] Hamel G, Heene A. Competence-based competition: The strategic management series [M]. Chichester, New York: Wiley, 1994.

[146] Hart S L. A natural-resource-based view of the firm [J]. Academy of Management Review, 1995, 20 (4): 986 – 1014.

[147] Helfat C E, Finkelstein S, Mitchell W, et al. Dynamic capabilities, understanding strategic change in organizations [M]. Oxford: Blackwell Publishing, 2007.

[148] Helfat C E, Peteraf M A. The dynamic resource-based view: Capability lifecycles [J]. Strategic Management Journal, 2003, 24 (10): 997 – 1010.

[149] Helfat C E, Peteraf M A. Understanding dynamic capabilities: Progress along a developmental path [J]. Strategic Organization, 2009, 7 (1): 91 – 102.

[150] Helfat C E, Raubitschek R S. Dynamic and integrative capabilities for profiting from innovation in digital platform-based ecosystems [J]. Research Policy, 2018, 47 (8): 1391 – 1399.

[151] Helfat C E, Winter S G. Untangling dynamic and operational capabilities: Strategy for the (N) ever-changing world [J]. Strategic Management Journal, 2011, 32 (11): 1243 – 1250.

[152] Helfat C E. Know-how and asset complementarity and dynamic capability accumulation: The case of R&D [J]. Strategic Management Journal, 1997, 18 (5): 339 – 360.

[153] Hendricks K B, Singhal V R, Zhang R. The effect of operational slack, diversification, and vertical relatedness on the stock market reaction to supply chain disruptions [J]. Journal of Operations Management, 2009, 27 (3): 233 – 246.

[154] Herold D M, Jayaraman N, Narayanaswamy C R. What is the rela-

tionship between organizational slack and innovation? [J]. Journal of Managerial Issues, 2006, 18 (3): 372 –392.

[155] Hine D, Ryan N. Small service firms-creating value through innovation [J]. Managing Service Quality: An International Journal, 1999, 9 (6): 411 –422.

[156] Hinkin T R. A review of scale development practices in the study of organizations [J]. Journal of Management, 1995, 21 (5): 967 –988.

[157] Hodgkinson G P, Healey M P. Psychological foundations of dynamic capabilities: Reflexion and reflection in strategic management [J]. Strategic Management Journal, 2011, 32 (13): 1500 –1516.

[158] Hoskisson R E, Chirico F, Zyung J, et al. Managerial risk taking: A multitheoretical review and future research agenda [J]. Journal of Management, 2017, 43 (1): 137 –169.

[159] Howell T, Jena D, Mcgrath P J, et al. Unpacking environmental dynamism: From operationalization to characterization [J]. Academy of Management Annual Meeting Proceedings, 2016 (1): 14125.

[160] Hoyt R E, Liebenberg A P. The value of enterprise risk management [J]. Journal of Risk and Insurance, 2011, 78 (4): 795 –822.

[161] Huang J W, Li Y H. Slack resources in team learning and project performance [J]. Journal of Business Research, 2012, 65 (3): 381 –388.

[162] Huang Y F, Chen C J. The impact of technological diversity and organizational slack on innovation [J]. Technovation, 2010, 30 (7 –8): 420 –428.

[163] Hughes M, Eggers F, Kraus S, et al. The relevance of slack resource availability and networking effectiveness for entrepreneurial orientation [J]. International Journal of Entrepreneurship and Small Business, 2015, 26 (1): 116 –138.

[164] Ireland R D, Webb J W. Strategic entrepreneurship: Creating competitive advantage through streams of innovation [J]. Business Horizons, 2007, 50 (1): 49 –59.

[165] Jansen J J P, Van Den Bosch F A J, Volberda H W. Exploratory innovation, exploitative innovation, and performance: Effects of organizational antecedents and environmental moderators [J]. Management Science, 2006, 52

(11): 1661 – 1674.

[166] Jansen J J P, Vera D, Crossan M. Strategic leadership for exploration and exploitation: The moderating role of environmental dynamism [J]. The Leadership Quarterly, 2009, 20 (1): 5 – 18.

[167] Jensen M C, Meckling W H. Theory of the firm: Managerial behavior, agency costs and ownership structure [J]. Journal of Financial Economics, 1976, 3 (4): 305 – 360.

[168] Jiang R J, Tao Q T, Santoro M D. Alliance portfolio diversity and firm performance [J]. Strategic Management Journal, 2010, 31 (10): 1136 – 1144.

[169] Joshi A W, Sharma S. Customer knowledge development: Antecedents and impact on new product performance [J]. Journal of Marketing, 2004, 68 (4): 47 – 59.

[170] Kaiser H F. An index of factorial simplicity [J]. Psychometrika, 1974, 39 (1): 31 – 36.

[171] Kale P, Singh H, Perlmutter H. Learning and protection of proprietary assets in strategic alliances: Building relational capital [J]. Strategic Management Journal, 2000, 21 (3): 217 – 237.

[172] Katkalo V S, Pitelis C N, Teece D J. Introduction: On the nature and scope of dynamic capabilities [J]. Industrial and Corporate Change, 2010, 19 (4): 1175 – 1186.

[173] Keegan A, Turner J R. The management of innovation in project-based firms [J]. Long Range Planning, 2002, 35 (4): 367 – 388.

[174] Keh H T, Nguyen T T M, Ng H P. The effects of entrepreneurial orientation and marketing information on the performance of SMEs [J]. Journal of Business Venturing, 2007, 22 (4): 592 – 611.

[175] Kim S K, Cho H, Khieu H. Slack and R&D strategy: The effect of slack on internal R&D and external R&D, and innovation [J]. Journal of Management Policy and Practice, 2014, 15 (2): 33 – 42.

[176] Kindström D, Kowalkowski C, Sandberg E. Enabling service innovation: A dynamic capabilities approach [J]. Journal of Business Research, 2013, 66 (8): 1063 – 1073.

[177] Kleinbaum A M, Stuart T E. Inside the black box of the corporate staff: Social networks and the implementation of corporate strategy [J]. Strategic Management Journal, 2014a, 35 (1): 24 -47.

[178] Kleinbaum A M, Stuart T E. Network responsiveness: The social structural microfoundations of dynamic capabilities [J]. The Academy of Management Perspectives, 2014b, 28 (4): 353 -367.

[179] Kline R B. Principles and practice of structural equation modeling [M]. NewYork: The Guilford Press, 1998.

[180] Koellinger P. The relationship between technology, innovation, and firm performance: Empirical evidence from e-business in Europe [J]. Research Policy, 2008, 37 (8): 1317 -1328.

[181] Kogut B. The network as knowledge: Generative rules and the emergence of structure [J]. Strategic Management Journal, 2000, 21 (3): 405 -425.

[182] Koka B R, Prescott J E. Strategic alliances as social capital: A multidimensional view [J]. Strategic Management Journal, 2002, 23 (9): 795 -816.

[183] Konsti-Laakso S, Pihkala T, Kraus S. Facilitating SME innovation capability through business networking [J]. Creativity and Innovation Management, 2012, 21 (1): 93 -105.

[184] Kostopoulos K, Papalexandris A, Papachroni M, et al. Absorptive capacity, innovation, and financial performance [J]. Journal of Business Research, 2011, 64 (12): 1335 -1343.

[185] Kraatz M S, Zajac E J. How organizational resources affect strategic change and performance in turbulent environments: Theory and evidence [J]. Organization Science, 2001, 12 (5): 632 -657.

[186] Kuusela P, Keil T, Maula M V, et al. Driven by aspirations, but in what direction? Performance shortfalls, slack resources, and resource-consuming vs. resource-freeing organizational change [J]. Strategic Management Journal, 2017, 38 (5): 1101 -1120.

[187] Lavie D. Alliance portfolios and firm performance: A study of value creation and appropriation in the US software industry [J]. Strategic Management Journal, 2007, 28 (12): 1187 -1212.

[188] Lawson, B, Samson D. Developing innovation capability in organisations: A dynamic capabilities approach [J]. International Journal of Innovation Management, 2001, 5 (3): 377 – 400.

[189] Lecuona J R, Reitzig M. Knowledge worth having in "excess": The value of tacit and firm-specific human resource slack [J]. Strategic Management Journal, 2014, 35 (7): 954 – 973.

[190] Lee C L, Wu H C. How do slack resources affect the relationship between R&D expenditures and firm performance? [J]. R&D Management, 2016, 46 (S3): 958 – 978.

[191] Lee S. Slack and innovation: Investigating the relationship in Korea [J]. Journal of Business Research, 2015, 68 (9): 1895 – 1905.

[192] Leitch C, Hill F, Neergaard H. Entrepreneurial and business growth and the quest for a "comprehensive theory": Tilting at windmills? [J]. Entrepreneurship Theory and Practice, 2010, 34 (2): 249 – 260.

[193] Leonard-Barton D. Core capabilities and core rigidities: A paradox in managing new product development [J]. Strategic Management Journal, 1992, 13 (S1): 111 – 125.

[194] Levinson D J, Darrow C N, Klein E B, et al. The seasons of a man's life [M]. New York: Alfred A. Knopf, 1978.

[195] Li D Y, Liu J. Dynamic capabilities, environmental dynamism, and competitive advantage: Evidence from China [J]. Journal of Business Research, 2014, 67 (1): 2793 – 2799.

[196] Li J J, Poppo L, Zhou K Z. Do managerial ties in China always produce value? Competition, uncertainty, and domestic vs. foreign firms [J]. Strategic Management Journal, 2008, 29 (4): 383 – 400.

[197] Liao S H, Fei W C, Chen C C. Knowledge sharing, absorptive capacity, and innovation capability: An empirical study of Taiwan's knowledge-intensive industries [J]. Journal of Information Science, 2007, 33 (3): 340 – 359.

[198] Lieberman M B, Montgomery D B. First-mover advantages [J]. Strategic Management Journal, 1988, 9 (1): 41 – 58.

[199] Lin H F. Knowledge sharing and firm innovation capability: An empir-

ical study [J]. International Journal of Manpower, 2007, 28 (3/4): 315 – 332.

[200] Lin R J, Chen R H, Chiu K K. Customer relationship management and innovation capability: An empirical study [J]. Industrial Management & Data Systems, 2010, 110 (1): 111 – 133.

[201] Lin Y, Wu L Y. Exploring the role of dynamic capabilities in firm performance under the resource-based view framework [J]. Journal of Business Research, 2014, 67 (3): 407 – 413.

[202] Lindell M K, Whitney D J. Accounting for common method variance incross-sectional designs [J]. Journal of Applied Psychology, 2001, 86 (1): 114 – 121.

[203] Lisboa A, Skarmeas D, Lages C. Innovative capabilities: Their drivers and effects on current and future performance [J]. Journal of Business Research, 2011, 64 (11): 1157 – 1161.

[204] López V S. Competitive advantage and strategy formulation: The key role of dynamic capabilities [J]. Management Decision, 2005, 43 (5): 661 – 669.

[205] Love E G, Nohria N. Reducing slack: The performance consequences of downsizing by large industrial firms, 1977—93 [J]. Strategic Management Journal, 2005, 26 (12): 1087 – 1108.

[206] Luo Y, Peng M W. First mover advantages in investing in transitional economies [J]. Thunderbird International Business Review, 1998, 40 (2): 141 – 163.

[207] Ma R, Huang Y C, Shenkar O. Social networks and opportunity recognition: A cultural comparison between Taiwan and the United States [J]. Strategic Management Journal, 2011, 32 (11): 1183 – 1205.

[208] Macher J T, Mowery D C. Measuring dynamic capabilities: Practices and performance in semiconductor manufacturing [J]. British Journal of Management, 2009, 20 (1): S41 – S62.

[209] MacKay P, Moeller S B. The value of corporate risk management [J]. The Journal of Finance, 2007, 62 (3): 1379 – 1419.

[210] Madrid-Guijarro A, Garcia D, Van Auken H. Barriers to innovation among Spanish manufacturing SMEs [J]. Journal of Small Business Management,

2009, 47（4）: 465 –488.

［211］ Mahoney J T, Pandian J R. The resource-based view within the conversation of strategic management ［J］. Strategic Management Journal, 1992, 13 （5）: 363 –380.

［212］ Makadok R. Toward a synthesis of the resource-based and dynamic-capability views of rent creation ［J］. Strategic Management Journal, 2001, 22 （5）: 387 –401.

［213］ Makkonen H, Pohjola M, Olkkonen R, Koponen A. Dynamic capabilities and firm performance in a financial crisis ［J］. Journal of Business Research, 2014, 67 （1）: 2707 –2719.

［214］ Malen J, Vaaler P M. Organizational slack, national institutions and innovation effort around the world ［J］. Journal of World Business, 2017, 52 （6）: 782 –797.

［215］ March J G, Shapira Z. Managerial perspectives on risk and risk taking ［J］. Management Science, 1987, 33 （11）: 1404 –1418.

［216］ March J, Simon H. Organizations ［M］. New York: John Wiley and Sons, 1958.

［217］ March J. Interview in Stanford GSB ［M］. Stanford, CA: Stanford University, 1979.

［218］ Marlin D, Geiger S W. A reexamination of the organizational slack and innovation relationship ［J］. Journal of Business Research, 2015, 68 （12）: 2683 –2690.

［219］ Marsh H W, Wen Z, Hau K T. Structural equation models of latent interactions: Evaluation of alternative estimation strategies and indicator construction ［J］. Psychological Methods, 2004, 9 （3）: 275 –300.

［220］ Marsh S J, Stock G N. Building dynamic capabilities in new product development through intertemporal integration ［J］. Journal of Product Innovation Management, 2003, 20 （2）: 136 –148.

［221］ Marshall G. The purpose, design and administration of a questionnaire for data collection ［J］. Radiography, 2005, 11 （2）: 131 –136.

［222］ Martinez M G, Zouaghi F, Garcia M S. Capturing value from alliance portfolio diversity: The mediating role of R&D human capital in high and low tech industries [J]. Technovation, 2017, 59: 55 –67.

[223] Martinezros E, Labeaga J M. Product and process innovation: Persistence and complementarities [J]. European Management Review, 2009, 6 (1): 64 –75.

[224] Martínez-Sánchez A, Pérez-Pérez M, De-Luis-Carnicer P, et al. Telework, human resource flexibility and firm performance [J]. New Technology, Work and Employment, 2007, 22 (3): 208 –223.

[225] Matear S, Gray B J, Garrett T. Market orientation, brand investment, new service development, market position and performance for service organizations [J]. International Journal of Service Industry Management, 2004, 15 (3): 284 –301.

[226] McArthur A W, Nystrom P C. Environmental dynamism, complexity, and munificence as moderators of strategy-performance relationships [J]. Journal of Business Research, 1991, 23 (4): 349 –361.

[227] McGuire J B, Sundgren A, Schneeweis T. Corporate social responsibility and firm financial performance [J]. Academy of Management Journal, 1988, 31 (4): 854 –872.

[228] McKelvie A, Davidsson P. From resource base to dynamic capabilities: An investigation of new firms [J]. British Journal of Management, 2009, 20 (s1): S63 –S80.

[229] McKelvie A, Wiklund J, Brattström A. Externally acquired or internally generated? Knowledge development and perceived environmental dynamism in new venture innovation [J]. Entrepreneurship Theory and Practice, 2018, 42 (1): 24 –46.

[230] McShane M K, Nair A, Rustambekov E. Does enterprise risk management increase firm value? [J]. Journal of Accounting, Auditing & Finance, 2011, 26 (4): 641 –658.

[231] Miles R E, Snow C C, Pfeffer J. Organization-environment: Concepts and issues [J]. Industrial Relations: A Journal of Economy and Society, 1974, 13 (3): 244 –264.

[232] Miller D, Friesen P H. Strategy-making and environment: The third link [J]. Strategic Management Journal, 1983, 4 (3): 221 – 235.

[233] Miller K D, Leiblein M J. Corporate risk-return relations: Returns variability versus downside risk [J]. Academy of Management Journal, 1996, 39 (1): 91 – 122.

[234] Mishina Y, Pollock T G, Porac J F. Are more resources always better for growth? Resource stickiness in market and product expansion [J]. Strategic Management Journal, 2004, 25 (12): 1179 – 1197.

[235] Modi S B, Mishra S. What drives financial performance-resource efficiency or resource slack? Evidence from US based manufacturing firms from 1991 to 2006 [J]. Journal of Operations Management, 2011, 29 (3): 254 – 273.

[236] Moeller S B. The value of corporate risk management [J]. Journal of Finance, 2007, 62 (3): 1379 – 1419.

[237] Moore G C, Benbasat I. Development of an instrument to measure the perceptions of adopting an information technology innovation [J]. Information Systems Research, 1991, 2 (3): 173 – 191.

[238] Moran P. Structural vs. relational embeddedness: Social capital and managerial performance [J]. Strategic Management Journal, 2005, 26 (12): 1129 – 1151.

[239] Moreno A R, Fernandez L M M, Montes F J L. The moderating effect of slack resources on the relation between quality management and organisational learning [J]. International Journal of Production Research, 2009, 47 (19): 5501 – 5523.

[240] Morrow J L, Sirmon D G, Hitt M A, et al. Creating value in the face of declining performance: Firm strategies and organizational recovery [J]. Strategic Management Journal, 2007, 28 (3): 271 – 283.

[241] Moses O D. Organizational slack and risk-taking behaviour: Tests of product pricing strategy [J]. Journal of Organizational Change Management, 1992, 5 (3): 38 – 54.

[242] Mousa F T, Reed R. The impact of slack resources on high-tech IPOs [J]. Entrepreneurship Theory and Practice, 2013, 37 (5): 1123 – 1147.

［243］ Mura M, Radaelli G, Spiller N, et al. The effect of social capital on exploration and exploitation, modelling the moderating effect of environmental dynamism ［J］. Journal of Intellectual Capital, 2014, 15 （3）: 430 – 450.

［244］ Nahapiet J, Ghoshal S. Social capital, intellectual capital, and the organizational advantage ［J］. Academy of Management Review, 1998, 23 （2）: 242 – 266.

［245］ Natividad G. Financial slack, strategy, and competition in movie distribution ［J］. Organization Science, 2013, 24 （3）: 846 – 864.

［246］ Neill S, McKee D, Rose G M. Developing the organization's sense-making capability: Precursor to an adaptive strategic marketing response ［J］. Industrial Marketing Management, 2007, 36 （6）: 731 – 744.

［247］ Ngo L V, O'Cass A. In search of innovation and customer-related performance superiority: The role of market orientation, marketing capability, and innovation capability interactions ［J］. Journal of Product Innovation Management, 2012, 29 （5）: 861 – 877.

［248］ Nocco B W, Stulz R M. Enterprise risk management: Theory and practice ［J］. Journal of Applied Corporate Finance, 2006, 18 （4）: 8 – 20.

［249］ Nohria N, Gulati R. Is slack good or bad for innovation? ［J］. Academy of Management Journal, 1996, 39 （5）: 1245 – 1264.

［250］ Nohria N, Gulati R. What is the optimum amount of organizational slack? A study of the relationship between slack and innovation in multinational firms ［J］. European Management Journal, 1997, 15 （6）: 603 – 611.

［251］ Nunnally J C. Psychometric theory ［M］. New York: McGraw-Hill, 1978.

［252］ Oerlemans L A G, Knoben J, Pretorius M W. Alliance portfolio diversity, radical and incremental innovation: The moderating role of technology management ［J］. Technovation, 2013, 33 （6 – 7）: 234 – 246.

［253］ Olson D L, Wu D D. Enterprise risk management ［M］. Singapore: World Scientific Publishing Company, 2015.

［254］ Omri W. Innovative behavior and venture performance of SMEs, The moderating effect of environmental dynamism ［J］. European Journal of Innovation

Management, 2015, 18 (2): 195 - 217.

[255] Orlitzky M, Schmidt F L, Rynes S L. Corporate social and finan-cial performance: A meta-analysis [J]. Organization Studies, 2003, 24 (3): 403 - 441.

[256] Paeleman I, Vanacker T. Less is more, or not? On the interplay be-tween bundles of slack resources, firm performance and firm survival [J]. Journal of Management Studies, 2015, 52 (6): 819 - 848.

[257] Pandza K, Thorpe R. Creative search and strategic sense-making: Missing dimensions in the concept of dynamic capabilities [J]. British Journal of Management, 2009, 20 (1): S118 - S131.

[258] Papke-Shields K E, Malhotra M K, Grover V. Strategic manufacturing planning systems and their linkage to planning system success [J]. Decision Sci-ences, 2002, 33 (1): 1 - 30.

[259] Parise S, Casher A. Alliance portfolios: Designing and managing your network of business-partner relationships [J]. The Academy of Management Execu-tive, 2003, 17 (4): 25 - 39.

[260] Pavlou P A, El Sawy O A. Understanding the elusive black box of dy-namic capabilities [J]. Decision Sciences, 2011, 42 (1): 239 - 273.

[261] Penrose E T. The theory of the growth of the firm [M]. Oxford, UK: Basil Blackwell, 1959.

[262] Pérez-Luño A, Gopalakrishnan S, Cabrera R V. Innovation and per-formance, the role of environmental dynamism on the success of innovation choices [J]. IEEE Transactions on Engineering Management, 2014, 61 (3): 499 - 510.

[263] Perry-Smith J E. Social yet creative: The role of social relationships in facilitating individual creativity [J]. Academy of Management Journal, 2006, 49 (1): 85 - 101.

[264] Peteraf M A. The cornerstones of competitive advantage: A resource-based view [J]. Strategic Management Journal, 1993, 14 (3): 179 - 191.

[265] Peteraf M, Di Stefano G, Verona G. The elephant in the room of dy-namic capabilities: Bringing two diverging conversations together [J]. Strategic Management Journal, 2013, 34 (12): 1389 - 1410.

[266] Porter M. Competitive advantage [M]. New York: Free Press, 1985.

[267] Porter M. Competitive strategy, techniques for analyzing industries and competitors [M]. New York: Free Press. 1980.

[268] Portes A. The economic sociology of immigration: Essays on networks, ethnicity, and entrepreneurship [M]. New York: Russell Sage Foundation, 1995.

[269] Prahalad C, Hamel G. The core corpetence of the corporation [J]. Harvard Business Review, 1990, 68 (3): 79 – 91.

[270] Priem R L, Butler J E. Is the resource-based "view" a useful perspective for strategic management research? [J]. Academy of Management Review, 2001, 26 (1): 22 – 40.

[271] Prieto I M, Revilla E, Rodríguez – Prado B. Building dynamic capabilities in product development: How do contextual antecedents matter? [J]. Scandinavian Journal of Management, 2009, 25 (3): 313 – 326.

[272] Protogerou A, Caloghirou Y, Lioukas S. Dynamic capabilities and their indirect impact on firm performance [J]. Industrial and Corporate Change, 2011, 21 (3): 615 – 647.

[273] Raisch S, Birkinshaw J, Probst G, et al. Organizational ambidexterity: Balancing exploitation and exploration for sustained performance [J]. Organization Science, 2009, 20 (4): 685 – 695.

[274] Rindova V P, Kotha S. Continuous "morphing", competing through dynamic capabilities, form, and function [J]. Academy of Management Journal, 2001, 44 (6): 1263 – 1280.

[275] Roberts N, Stockport G J. Defining strategic flexibility [J]. Global Journal of Flexible Systems Management, 2009, 10 (1): 27 – 32.

[276] Romme A G L, Zollo M, Berends P. Dynamic capabilities, deliberate learning and environmental dynamism: A simulation model [J]. Industrial & Corporate Change, 2010, 19 (4): 1271 – 1299.

[277] Rosenbusch N, Brinckmann J, Bausch A. Is innovation always beneficial? A meta-analysis of the relationship between innovation and performance in SMEs [J]. Journal of Business Venturing, 2011, 26 (4): 441 – 457.

[278] Rothaermel F T, Hess A M. Building dynamic capabilities: Innovation driven by individual -, firm -, and network-level effects [J]. Organization Science, 2007, 18 (6): 898 - 921.

[279] Rothaermel F T. Incumbent's advantage through exploiting complementary assets via interfirm cooperation [J]. Strategic Management Journal, 2001, 22 (6 - 7): 687 - 699.

[280] Rummel R J. Applied factor analysis [M]. Evanston, IL: Northwestern University Press, 1988.

[281] Salge T O, Vera A. Small steps that matter, incremental learning, slack resources and organizational performance [J]. British Journal of Management, 2013, 24 (2): 156 - 173.

[282] Sanchez R, Heene A, Thomas H. Dynamics of competence-based competition: Theory and practice in the new strategic management [M]. New York: Elsevier, 1996.

[283] Sanchez R. Strategic flexibility in product competition [J]. Strategic Management Journal, 1995, 16 (S1): 135 - 159.

[284] Schildt H, Keil T, Maula M. The temporal effects of relative and firm-level absorptive capacity on interorganizational learning [J]. Strategic Management Journal, 2012, 33 (10): 1154 - 1173.

[285] Schilke O. On the contingent value of dynamic capabilities for competitive advantage: The nonlinear moderating effect of environmental dynamism [J]. Strategic Management Journal, 2014, 35 (2): 179 - 203.

[286] Sharfman M P, Wolf G, Chase R B, Tansik D A. Antecedents of organizational slack [J]. Academy of Management Review, 1988, 13 (4): 601 - 614.

[287] Sheng M L. A dynamic capabilities-based framework of organizational sensemaking through combinative capabilities towards exploratory and exploitative product innovation in turbulent environments [J]. Industrial Marketing Management, 2017, 65: 28 - 38.

[288] Singh J V. Performance, slack, and risk taking in organizational decision making [J]. Academy of Management Journal, 1986, 29 (3): 562 - 585.

[289] Sirmon D G, Hitt M A, Ireland R D. Managing firm resources in dynamic environments to create value: Looking inside the black box [J]. Academy of Management Review, 2007, 32 (1): 273 - 292.

[290] Song M, Di Benedetto C A, Nason R W. Capabilities and financial performance: The moderating effect of strategic type [J]. Journal of the Academy of Marketing Science, 2007, 35 (1): 18 - 34.

[291] Staber U, Sydow J. Organizational adaptive capacity: A structuration perspective [J]. Journal of Management Inquiry, 2002, 11 (4): 408 - 424.

[292] Stadler C, Helfat C E, Verona G. The impact of dynamic capabilities on resource access and development [J]. Organization Science, 2013, 24 (6): 1782 - 1804.

[293] Stulz R M. Rethinking risk management [J]. Journal of Applied Corporate Finance, 1996, 9 (3): 8 - 25.

[294] Su Z, Xie E, Li Y. Organizational slack and firm performance during institutional transitions [J]. Asia Pacific Journal of Management, 2009, 26 (1): 75 - 91.

[295] Swink M. Building collaborative innovation capability [J]. Research Technology Management, 2006, 49 (2): 37 - 47.

[296] Tamayo-Torres J, Roehrich J K, Lewis M A. Ambidexterity, performance and environmental dynamism [J]. International Journal of Operations & Production Management, 2017, 37 (3): 282 - 299.

[297] Tan J, Peng M W. Organizational slack and firm performance during economic transitions: Two studies from an emerging economy [J]. Strategic Management Journal, 2003, 24 (13): 1249 - 1263.

[298] Tan J. Curvilinear relationship between organizational slack and firm performance: Evidence from Chinese state enterprises [J]. European Management Journal, 2003, 21 (6): 740 - 749.

[299] Tang C S. Perspectives in supply chain risk management [J]. International Journal of Production Economics, 2006, 103 (2): 451 - 488.

[300] Tang J, Kacmar K M M, Busenitz L. Entrepreneurial alertness in the pursuit of new opportunities [J]. Journal of Business Venturing, 2012, 27 (1):

77 - 94.

[301] Teece D J, Pisano G. The dynamic capabilities of firms: An introduction [J]. Industrial and Corporate Change, 1994, 3 (3): 537 - 556.

[302] Teece D J, Peteraf M, Leih S. Dynamic capabilities and organizational agility: Risk, uncertainty, and strategy in the innovation economy [J]. California Management Review, 2016, 58 (4): 13 - 35.

[303] Teece D J, Pisano G, Shuen A. Dynamic capabilities and strategic management [J]. Strategic Management Journal, 1997, 18 (7): 509 - 533.

[304] Teece D J. A dynamic capabilities-based entrepreneurial theory of the multinational enterprise [J]. Journal of International Business Studies, 2014, 45 (1): 8 - 37.

[305] Teece D J. Capturing value from knowledge assets: The new economy, markets for know-how, and intangible assets [J]. California Management Review, 1998, 40 (3): 55 - 79.

[306] Teece D J. Competition, cooperation, and innovation: Organizational arrangements for regimes of rapid technological progress [J]. Journal of Economic Behavior & Organization, 1992, 18 (1): 1 - 25.

[307] Teece D J. Dynamic capabilities and entrepreneurial management in large organizations: Toward a theory of the (entrepreneurial) firm [J]. European Economic Review, 2016, 86 (C): 202 - 216.

[308] Teece D J. Dynamic capabilities: Routines versus entrepreneurial action [J]. Journal of Management Studies, 2012, 49 (8): 1395 - 1401.

[309] Teece D J. Explicating dynamic capabilities: The nature and micro-foundations of (sustainable) enterprise performance [J]. Strategic Management Journal, 2007, 28 (13): 1319 - 1350.

[310] Thomas W H, Feldman D C. The relationships of age with job attitudes, a meta-analysis [J]. Personnel Psychology, 2010, 63 (3): 677 - 718.

[311] Thomaz F, Swaminathan V. What goes around comes around: The impact of marketing alliances on firm risk and the moderating role of network density [J]. Journal of Marketing, 2015, 79 (5): 63 - 79.

[312] Thomson N, Millar C C. The role of slack in transforming organiza-

tions: A comparative analysis of East German and Slovenian companies [J]. International Studies of Management & Organization, 2001, 31 (2): 65 – 83.

[313] Troilo G, De Luca L M, Atuahene-Gima K. More innovation with less? A strategic contingency view of slack resources, information search, and radical innovation [J]. Journal of Product Innovation Management, 2014, 31 (2): 259 – 277.

[314] Tsai W, Ghoshal S. Social capital and value creation: The role of intrafirm networks [J]. Academy of Management Journal, 1998, 41 (4): 464 – 476.

[315] Tsai W. Knowledge transfer in intraorganizational networks: Effects of network position and absorptive capacity on business unit innovation and performance [J]. Academy of management journal, 2001, 44 (5): 996 – 1004.

[316] Tsai W. Social capital, strategic relatedness and the formation of intraorganizational linkages [J]. Strategic Management Journal, 2000, 21 (8): 925 – 939.

[317] Tseng S M, Lee P S. The effect of knowledge management capability and dynamic capability on organizational performance [J]. Journal of Enterprise Information Management, 2014, 27 (2): 158 – 179.

[318] Turban E, Bolloju N, Liang T P. Enterprise social networking: Opportunities, adoption, and risk mitigation [J]. Journal of Organizational Computing and Electronic Commerce, 2011, 21 (3): 202 – 220.

[319] Tushman M L, Nelson R R. Introduction: Technology, organizations, and innovation [J]. Administrative Science Quarterly, 1990, 35 (1): 1 – 8.

[320] Vairaktarakis G L. The value of resource flexibility in the resource-constrained job assignment problem [J]. Management Science, 2003, 49 (6): 718 – 732.

[321] Vanacker T, Collewaert V, Paeleman I. The relationship between slack resources and the performance of entrepreneurial firms: The role of venture capital and angel investors [J]. Journal of Management Studies, 2013, 50 (6): 1070 – 1096.

[322] Vanpoucke E, Vereecke A, Wetzels M. Developing supplier integration capabilities for sustainable competitive advantage: A dynamic capabilities ap-

proach [J]. Journal of Operations Management, 2014, 32 (7 –8): 446 –461.

[323] Vinner S. Concept definition, concept image and the notion of function [J]. International Journal of Mathematical Education in Science and Technology, 1983, 14 (3): 293 –305.

[324] Vlas C O. Slack and sourcing: A dynamic capabilities perspective [J]. Academy of Management Proceedings, 2017: 11645.

[325] Vogel R, Güttel W H. The dynamic capability view in strategic management: A bibliometric review [J]. International Journal of Management Reviews, 2013, 15 (4): 426 –446.

[326] Voss G B, Sirdeshmukh D, Voss Z G. The effects of slack resources and environmentalthreat on product exploration and exploitation [J]. Academy of Management Journal, 2008, 51 (1): 147 –164.

[327] Walker G, Kogut B, Shan W. Social capital, structural holes and the formation of an industry network [J]. Organization Science, 1997, 8 (2): 109 –125.

[328] Wang C L, Ahmed P K. Dynamic capabilities: A review and research agenda [J]. International Journal of Management Reviews, 2007, 9 (1): 31 –51.

[329] Wang C L, Chugh H. Entrepreneurial learning: Past research and future challenges [J]. International Journal of Management Reviews, 2014, 16 (1): 24 –61.

[330] Wang C L, Senaratne C, Rafiq M. Success traps, dynamic capabilities and firm performance [J]. British Journal of Management, 2015, 26 (1): 26 –44.

[331] Wang Z, Wang N. Knowledge sharing, innovation and firm performance [J]. Expert Systems with Applications, 2012, 39 (10): 8899 –8908.

[332] Wassmer U, Dussauge P. Network resource stocks and flows: How do alliance portfolios affect the value of new alliance formations? [J]. Strategic Management Journal, 2012, 33 (7): 871 –883.

[333] Weeks W A, Moore C W, McKinney J A, Longenecker J G. The effects of gender and career stage on ethical judgment [J]. Journal of Business Ethics, 1999, 20 (4): 301 –313.

[334] Wernerfelt B. A resource-based view of the firm [J]. Strategic Management Journal, 1984, 5 (2): 171 – 180.

[335] West J, Salter A, Vanhaverbeke W, et al. Open innovation: The next decade [J]. Research Policy, 2014, 5 (43): 805 – 811.

[336] Wilden R, Gudergan S P, Nielsen B B, Lings I. Dynamic capabilities and performance: Strategy, structure and environment [J]. Long Range Planning, 2013, 46 (1): 72 – 96.

[337] Wilden R, Gudergan S P. The impact of dynamic capabilities on operational marketing and technological capabilities: Investigating the role of environmental turbulence [J]. Journal of the Academy of Marketing Science, 2015, 43 (2): 181 – 199.

[338] Wilhelm H, Schlömer M, Maurer I. How dynamic capabilities affect the effectiveness and efficiency of operating routines under high and low levels of environmental dynamism [J]. British Journal of Management, 2015, 26 (2): 327 – 345.

[339] Winter S G. Understanding dynamic capabilities [J]. Strategic Management Journal, 2003, 24 (10): 991 – 995.

[340] Woodman R W, Sawyer J E, Griffin R W. Toward a theory of organizational creativity [J]. Academy of Management Review, 1993, 18 (2): 293 – 321.

[341] Wu L Y. Entrepreneurial resources, dynamic capabilities and start-up performance of Taiwan's high-tech firms [J]. Journal of Business Research, 2007, 60 (5): 549 – 555.

[342] Wu Y, Zhang C, Cui Y. Study on the influence of organizational slack on firm growth [M]// Luo J. Affective computing and intelligent interaction. Berlin Heidelberg: Springer, 2012, 137: 417 – 426.

[343] Yalcinkaya G, Calantone R J, Griffith D A. An examination of exploration and exploitation capabilities: Implications for product innovation and market performance [J]. Journal of International Marketing, 2007, 15 (4): 63 – 93.

[344] Yamakawa Y, Yang H, Lin Z J. Exploration versus exploitation in al-

liance portfolio: Performance implications of organizational, strategic, and environmental fit [J]. Research Policy, 2011, 40 (2): 287 – 296.

[345] Yang J. Innovation capability and corporate growth: An empirical investigation in China [J]. Journal of Engineering and Technology Management, 2012, 29 (1): 34 – 46.

[346] Yousaf Z, Majid A. Strategic performance through inter-firm networks, Strategic alignment and moderating role of environmental dynamism [J]. World Journal of Entrepreneurship, Management and Sustainable Development, 2016, 12 (4): 282 – 298.

[347] Zahra S A, Bogner W C. Technology strategy and software new ventures' performance: Exploring the moderating effect of the competitive environment [J]. Journal of Business Venturing, 2000, 15 (2): 135 – 173.

[348] Zahra S A, Sapienza H J, Davidsson P. Entrepreneurship and dynamic capabilities: A review, model and research agenda [J]. Journal of Management Studies, 2006, 43 (4): 917 – 955.

[349] Zahra S A, Wright M, Abdelgawad S G. Contextualization and the advancement of entrepreneurship research [J]. International Small Business Journal, 2014, 32 (5): 479 – 500.

[350] Zahra S A. Technology strategy and new venture performance: A study of corporate-sponsored and independent biotechnology ventures [J]. Journal of Business Venturing, 1996, 11 (4): 289 – 321.

[351] Zhang J, Wu W. Leveraging internal resources and external business networks for new product success: A dynamic capabilities perspective [J]. Industrial Marketing Management, 2017, 61: 170 – 181.

[352] Zhou S S, Zhou A J, Feng J, et al. Dynamic capabilities and organizational performance, The mediating role of innovation [J]. Journal of Management & Organization, 2019, 25 (5): 731 – 747.

[353] Zollo M, Winter S G. Deliberate learning and the evolution of dynamic capabilities [J]. Organization Science, 2002, 13 (3): 339 – 351.

[354] Zona F. Corporate investing as a response to economic downturn: Prospect theory, the behavioural agency model and the role of financial slack [J].

British Journal of Management, 2012, 23 (S1): S42 – S57.

[355] Zott C. Dynamic capabilities and the emergence of intraindustry differential firm performance, insights from a simulation study [J]. Strategic Management Journal, 2003, 24 (2): 97 – 125.